Oualid Ktata

Estimation de projets web

Oualid Ktata

# Estimation de projets web

Application et analyse de fiabilité des modèles COCOMO II et webmo

Presses Académiques Francophones

**Impressum / Mentions légales**

Bibliografische Information der Deutschen Nationalbibliothek: Die Deutsche Nationalbibliothek verzeichnet diese Publikation in der Deutschen Nationalbibliografie; detaillierte bibliografische Daten sind im Internet über http://dnb.d-nb.de abrufbar.

Alle in diesem Buch genannten Marken und Produktnamen unterliegen warenzeichen-, marken- oder patentrechtlichem Schutz bzw. sind Warenzeichen oder eingetragene Warenzeichen der jeweiligen Inhaber. Die Wiedergabe von Marken, Produktnamen, Gebrauchsnamen, Handelsnamen, Warenbezeichnungen u.s.w. in diesem Werk berechtigt auch ohne besondere Kennzeichnung nicht zu der Annahme, dass solche Namen im Sinne der Warenzeichen- und Markenschutzgesetzgebung als frei zu betrachten wären und daher von jedermann benutzt werden dürften.

Information bibliographique publiée par la Deutsche Nationalbibliothek: La Deutsche Nationalbibliothek inscrit cette publication à la Deutsche Nationalbibliografie; des données bibliographiques détaillées sont disponibles sur internet à l'adresse http://dnb.d-nb.de.

Toutes marques et noms de produits mentionnés dans ce livre demeurent sous la protection des marques, des marques déposées et des brevets, et sont des marques ou des marques déposées de leurs détenteurs respectifs. L'utilisation des marques, noms de produits, noms communs, noms commerciaux, descriptions de produits, etc, même sans qu'ils soient mentionnés de façon particulière dans ce livre ne signifie en aucune façon que ces noms peuvent être utilisés sans restriction à l'égard de la législation pour la protection des marques et des marques déposées et pourraient donc être utilisés par quiconque.

Coverbild / Photo de couverture: www.ingimage.com

Verlag / Editeur:
Presses Académiques Francophones
ist ein Imprint der / est une marque déposée de
AV Akademikerverlag GmbH & Co. KG
Heinrich-Böcking-Str. 6-8, 66121 Saarbrücken, Deutschland / Allemagne
Email: info@presses-academiques.com

Herstellung: siehe letzte Seite /
Impression: voir la dernière page
**ISBN: 978-3-8381-7859-2**

Copyright / Droit d'auteur © 2013 AV Akademikerverlag GmbH & Co. KG
Alle Rechte vorbehalten. / Tous droits réservés. Saarbrücken 2013

# ESTIMATION DE PROJETS WEB :

# APPLICATION ET ANALYSE DE FIABILITÉDES MODÈLES COCOMO II ET WEBMO

PAR

OUALID KTATA

# REMERCIEMENTS

Tout d'abord je remercie Dieu pour sa bénédiction et sans lequel ce livre n'aurait jamais vu le jour.

Je remercie mes parents pour leur patience et leur soutien.

Un remerciement particulier à ma mère et ma femme pour m'avoir encouragé et soutenu dans la réalisation de ce travail.

Je tiens à remercier Dr Hadj Benyahia pour sa disponibilité et ses précieux conseils. Je le remercie aussi pour sa compréhension et sa gentillesse envers moi et tous mes collègues. Il représente pour nous plus qu'un directeur de recherche ; il est un véritable père.

Je tiens à remercier mes amis Mohamed Dhafer, Rochdi, Hakim, Farid, Shakir, Jacques etSaidpour leur aide précieuse.

Finalement, je remercie tous ceux qui de loin ou de près, volontairement ou non, m'ont aidé à réaliser ce travail important.

*À mes parents, ma femme et mes fils, je vous dédie ce livre en signe de reconnaissance.*

*Je le dédie également à mes frères, ma sœur et mes neveux, qu'il soit pour vous une source d'inspiration et un exemple de patience et de persévérance.*

*Avec tout mon cœur.*

# TABLES DES MATIÈRES

LISTE DES ACRONYMES .................................................................................. 4
LISTE DES FIGURE ........................................................................................... 5
LISTE DES TABLEAUX ...................................................................................... 6
RÉSUMÉ ............................................................................................................. 7

INTRODUCTION ............................................................................................... 10
CHAPITRE I : SPÉCIFICITÉS DES APPLICATIONS WEB ............................. 11
I. INGENIERIE DES PROJETS WEB ................................................................ 11
I.1. DÉFINITION ET ATTRIBUTS D'UNE APPLICATION WEB ..................... 11
I.2. PROCESSUS DE DEVELOPPEMENT WEB ............................................... 15
II. TYPOLOGIE ET DIFFÉRENCIATION DES APPLICATIONS WEB ............. 17
II.1. TYPOLOGIE DES APPLICATIONS WEB ................................................. 17
II.2. DIFFÉRENCES ENTRE APPLICATIONS WEB ET APPLICATIONS TRADITIONNELLES    19

CHAPITRE II : PROCESSUS D'ESTIMATION DES PROJETS WEB ............... 29
I. PROBLÉMATIQUE DE L'ESTIMATION DES PROJETS WEB ...................... 29
I.1. FAIBLESSES DANS LES ÉTAPES D'ESTIMATION DES PROJETS WEB .... 29
I.2. INADÉQUATION DES MODÈLES TRADITIONNELS D'ESTIMATION ..... 33
II. MODÈLES D'ESTIMATION DES PROJETS WEB ......................................... 36
II.1. LE MODÈLE COCOMO II .......................................................................... 36
II.2. LE MODÈLE WEBMO ................................................................................ 40

CHAPITRE III : APPLICATION ET ANALYSE DE FIABILITÉ DE COCOMO II ET WEBMO .................................................................................................................... 48
I. PROCESSUS DE SELECTION DES PROJETS .............................................. 49
I.1. CRITERES DE SELECTION ........................................................................ 49
I.2. PRÉSENTATION DES DONNÉES DE BASE .............................................. 52
II. PROCESSUS D'ESTIMATION DES PROJETS. ............................................ 54
II.1. PRÉSENTATION DE L'OUTIL D'ESTIMATION. ..................................... 54
II.2. RESULTATS ET ANALYSE DE LEUR FIABILITÉ ..................................... 58
CONCLUSION ................................................................................................... 64
APPENDICE A MODÈLES COCOMO II ET WEBMO .................................... 66
APPENDICE B MÉTHODE DES POINTS DE FONCTION .............................. 72
APPENDICE C AUTRES MODÈLES D'ESTIMATION WEB ........................... 79
BIBLIOGRAPHIE ............................................................................................... 88

# LISTE DES ACRONYMES

**KSLOC**: Kilo Source Lines of Code : milliers de lignes de code source.

**PF**: Points de fonction, métrique utilisée dans le modèle COCOMOII.

**WO**: Web Objects, métrique de la taille développée par Reifer [Reifer2001].

**LEF**:Language Expansion Factors: Table de conversion de PF vers SLOC (cas de COCOMOII) et Table de conversion WO vers SLOC (cas de WebMo).

**ISBSG:** International Software Benchmarking Standards Group.

**CMM**: Capability Maturity Model du SEI (Software Engineering Institute).

**ERM:**Erreur Relative Moyenne.

**P.E.R.T**: Program evaluation and review technique

**C.P.M**: Critical Path Method.

**RUP:**Rational Unified Process.

**XP**: Extreme Programming

# LISTE DES FIGURES

Figure 1.1  Processus WebE [Presman2005] ................................. 17

Figure 1.2  Positionnement des projets Web [Bordage2003] ......... 18

Figure 1.2  Cycle de vie d'un projet Web [wwwLoisil2005] .......... 21

Figure 1.3  Structure d'une équipe de projet Web d'envergure ...... 24

Figure 2.1  Processus d'estimation d'un projet [Peters2000] ......... 30

Figure 2.2  Fiabilité des estimations selon les étapes de développement..31

Figure 2.3  Relations entre les composantes de WebMo [Reifer2002]... 42

Figure 3.1  Processus d'estimation des projets sélectionnés .......... 48

Figure 3.2  Processus de sélection des projets ................................. 51

Figure 3.3  Aperçu des résultats de l'outil d'estimation ................. 54

Figure 3.4  Aperçu de l'onglet 'Projects' ........................................ 55

Figure 3.5  Aperçu de l'onglet 'Compare' ...................................... 56

Figure 3.6  Aperçu de l'onglet 'Cdi and SF' pour trois niveaux d'exigence   57

Figure 3.7  Aperçu de l'onglet 'LEF' .............................................. 58

Figure 3.8  Estimation de l'effort .................................................... 61

# LISTE DES TABLEAUX

Tableau 1.1　Différences entre applications Web [Bordage2003]. .......................... 18

Tableau 2.1　Répartition de l'effort selon les activités [Jones2002] ....................... 33

Tableau 2.2　Comparaison des méthodes d'estimation [Reifer2000] ..................... 34

Tableau 2.3　Performance des projets Web et des projets traditionnels ................... 35

Tableau 2.4　Les 5 facteurs d'échelle (SF) de COCOMO II Post-Architecture ...... 38

Tableau 2.5　Les 17 multiplicateurs d'effort (EM) de COCOMO II Post-Architecture ..39

Tableau 2.6　Exemple de comptage des objets Web [Reifer2002] ......................... 42

Tableau 2.7　Table de conversion des objets Web en lignes de code ..................... 43

Tableau 2.8　Valeurs des multiplicateurs d'effort dans COCOMO II et WebMo ...45

Tableau 2.9　Valeurs des paramètres de WebMo ..................................................... 46

Tableau 3.1　Variables pertinentes pour l'estimation dans la base ISBSG. ............. 51

Tableau 3.2　Identification des projets sélectionnés dans la banque ISBSG ........... 52

Tableau 3.3　Données sur les projets sélectionnés ................................................... 53

Tableau 3.4　Estimation de l'effort de développement avec COCOMO II ............. 59

Tableau 3.5　Estimation de l'effort avec WebMo ..................................................... 59

Tableau 3.6　Écarts entre estimations et données réelles pour COCOMO II et WEBMO ..60

Tableau 3.7　Erreur Relative Moyenne (ERM) dans l'estimation des projets ......... 60

# RÉSUMÉ

Allant des simples pages Web aux systèmes transactionnels sophistiqués, les applications Web ont beaucoup évolué et continuent de l'être. On parle même d'une nouvelle ingénierie logicielle à savoir l'ingénierie Web [pressman2005]. La mise en marché rapide et l'hétérogénéité de l'équipe de développement sont parmi les principales spécificités des applications et projets Web. Ces spécificités lancent de nouveaux défis aux modèles d'estimation actuels même pour les plus matures d'entre eux comme COCOMO II.

Dans ce travail nous avons analysé la fiabilité d'un nouveau modèle d'estimation à savoir : WebMo. Ce dernier est une adaptation de la version COCOMO II avant-projet au contexte du Web. L'instigateur de WebMo est Donald Reifer qui est aussi un membre très actif dans la communauté de COCOMO. Reifer a présenté son nouveau modèle comme une alternative viable à COCOMO II si on le dote en plus d'une nouvelle métrique qui tient compte des spécificités des applications Web.

Dans cette étude visant l'analyse de fiabilité de WebMo, nous avons développé un outil d'estimation qui permet d'estimer et comparer les efforts de développement pour des projets Web selon les modèles COCOMO II et WebMo. En suivant un processus de sélection de projet bien défini, nous avons choisi cinq projets Web de la banque de projets ISBSG.

Malgré l'immaturité du modèle WebMo et son caractère prévisionnel, les résultats générés par l'outil étaient conformes à nos attentes. En effet, WebMo fournit des estimations de l'effort plus proches de la réalité en comparaison avec son modèle de base (COCOMO II version avant-projet). Ceci est dû essentiellement à la prise en compte des objets multimédias et autres objets spécifiques aux applications Web par la nouvelle métrique de Reifer à savoir : les 'Web Objects'. Un autre facteur important de succès est la calibration du modèle qui est basée uniquement sur des projets Web.

Finalement, on suggère certaines recommandations telles qu'une version WebMo post-architecture pour des phases plus avancées du cycle de développement et aussi tenir compte de la diversité des langages de programmation, caractéristique typique des applications Web. Nous recommandons aussi d'alimenter la base de données du modèle avec plus de projets pour une meilleure calibration et ramener sa conception à une forme plus standard comme celle de COCOMO II.

MOTS CLÉS: Estimation, Projet Web, WebMo, COCOMO II, ISBSG, Ingénierie Web.

# INTRODUCTION

Le succès flamboyant qu'a connu Internet au cours des récentes années a fait que de nouvelles applications informatiques Web ont vu le jour. Aujourd'hui, on voit des sites Web institutionnels, des sites de marque, des sites transactionnels, des sites communautaires, des portails, etc. Ce nouveau type d'application, appelé tout simplement application Web et les enjeux commerciaux qu'il représente a conduit des spécialistes comme Pressman à envisager une nouvelle sorte d'ingénierie logiciel appelée Ingénierie du Web [Pressman2005]. Les projets Web sont en effet des projets informatiques mais qui sont soumis à des contraintes et des besoins différents par rapport aux applications traditionnelles comme on le verra dans les chapitres suivants. On note aussi que les projets Web nécessitent des compétences informatiques et « non informatiques ». En effet, dans un projet Web, on trouve désormais des éditorialistes, des infographistes, des ergonomes, etc. Un chef de projet Web doit donc tenir compte de différents aspects informatiques et non informatiques de ce type de projet. De plus, la mise en marché rapide est typique des applications Web. Ceci mène inévitablement à une nouvelle façon de planification et de gestion de projet. L'estimation de projet se voit ainsi affectée par les spécificités des projets Web. Celles-ci seront identifiées dans le premier chapitre de ce livre à partir des différences entre applications Web et applications traditionnelles.

Dans le deuxième chapitre on présentera les principaux modèles algorithmiques consacrés à l'estimation des projets Web notamment le modèle WebMo. On analysera la nouvelle métrique de taille de ces projets appelée objet Web, puis on présentera les paramètres de ces modèles (variables explicatives de l'effort de développement et exposants d'échelle) puis on dégagera les avantages et limites de ces modèles.

Enfin, le troisième chapitre sera consacré à une application des modèles COCOMO II et WebMo à cinq projets sélectionnés à partir d'une banque de projets, ISBSG. Les résultats obtenus seront interprétés et une analyse de fiabilité sera entreprise en comparant les données réelles sur l'effort de développement de ces 5 projets avec les données estimées de l'effort par ces deux modèles.

# CHAPITRE I

# SPÉCIFICITÉS DES APPLICATIONS WEB

La grande différence entre les applications Web et les applications dites traditionnelles réside dans la nature même des applications Web. Allant de simples pages Web aux sites Web transactionnels, les applications Web ont parcouru du chemin et elles continuent encore d'évoluer. On va donc présenter l'ingénierie du Web, puis on va définir les différentes catégories d'applications Web qui existent à l'heure actuelle avant de faire ressortir les différences entre elles et les applications traditionnelles.

## I. INGENIERIE DES PROJETS WEB

Dans son dernier ouvrage, [Presman2005] définit l'ingénierie Web (WebE) comme étant le processus utilisé pour créer des applications Web de haute qualité. L'ingénierie du Web n'est donc pas un clone du génie logiciel même si elle emprunte beaucoup d'activités à ce dernier. En effet, il existe de subtiles différences dans la conduite de ces activités mais la philosophie principale qui dicte une approche disciplinée reste identique.

### I.1. DÉFINITION ET ATTRIBUTS D'UNE APPLICATION WEB

Une application Web doit posséder au moins les quatre caractéristiques fondamentales suivantes [Bordage2003]:Elle est destinée à des utilisateurs qui y accèdent via un navigateur (internautes, intranautes, extranautes). Les utilisateurs utilisant des assistants mobiles font partie de ce groupe.
Elle se base sur les technologies Internet (Html, PHP, ASP, .Net, J2EE, HTTP).Son principal facteur clé de succès est lié à Internet ou à l'utilisation de technologies Web.'Elle est interfacée avec le système d'information mais ne constitue pas une fonction centrale de celui-ci' [Bordage2003].

Cette caractéristique tend à disparaître étant donné l'importance que prennent de plus en plus les applications Web.

Mais cette définition reste incomplète selon Conallen. En effet, la définition pourrait aussi bien inclure les sites Web statiques ou dynamiques simples, alors que ce genre d'application est plutôt considéré comme hypermédia [Conallen2000].

Les hypermédias sont plus simples et leurs projets sont plus faciles à gérer et à mesurer. Ainsi, il faudrait ajouter à cette définition les caractéristiques suivantes :L'utilisateur peut affecter l'état de l'application (ajout de profil, achat de produit, etc.) et les changements peuvent être persistants.L'application est constituée de plusieurs composantes (scripts, pages statiques, composantes : panier de magasinage, etc.)

En plus de leurs objectifs, les applications Web différent les unes des autres par leurs attributs. Par analogie avec les facteurs de qualité de McCall, [Powel1998] présente les nouvelles considérations qu'il faut inclure dorénavant dans l'évaluation de la qualité des applications Web.

Utilisation intensive du réseau (Network Intensiveness) : une application Web réside dans un réseau et doit suffire aux besoins de clients de communautés diverses. Une application peut résider dans un réseau Internet, nécessitant ainsi une communication à l'échelle mondiale. Elle peut résider dans un Intranet, permettant ainsi le développement d'une infrastructure de communication au niveau de l'organisation ou bien, elle peut résider dans un Extranet favorisant ainsi, une architecture communicationnelle inter-réseaux.

Accès concurrent : un grand nombre d'utilisateurs accédant en même temps à l'application. Généralement, l'usage diffère d'un utilisateur à un autre.

*Charge Imprévisible* : l'ordre de grandeur peut varier d'un jour à l'autre. Par exemple, 100 utilisateurs le lundi et 10000 le jeudi.

*Performance* : si le temps de latence n'est pas acceptable, l'utilisateur (internaute) va voir ailleurs (probablement chez le concurrent).

*Disponibilité* : une disponibilité de 24h/24, 7jours/7, 365 jours/année est souvent exigée. Par exemple, il se peut qu'une ressource Web dans un serveur au Canada soit demandée par un utilisateur de l'Australie alors qu'on a planifié une tâche de maintenance selon les heures de fermeture du Canada. Ce genre de situation est à prendre en considération si l'application sert une large zone géographique.

***Centrée sur les données*** : **la plupart des applications Web (sites Web) utilisent des hypermédias (données audio, vidéo, images, liens hypertextes) pour présenter des informations. Il se peut que ces informations proviennent d'une ou de plusieurs bases de données qui parfois ne font pas partie de l'environnement Web.**

***Sensibilité au contenu*** : quoique difficile à évaluer, l'aspect esthétique et la qualité du contenu sont des éléments déterminants pour la qualité de l'application Web.

***Évolution continue*** : contrairement aux applications traditionnelles qui évoluent au rythme des versions produites, les applications Web peuvent avoir des mises à jour continues, surtout le contenu qui peut évoluer d'un instant à l'autre.

***Mise en marché rapide*** : cet attribut est le plus important de tous et a des conséquences majeures sur la qualité des applications Web. Ces dernières se heurtent généralement à des délais de mise en marché de l'ordre de quelques semaines. Le besoin d'être le premier sur le Web est souvent perçu comme un enjeu commercial déterminant. De plus, la qualité doit être de mise aussi, sinon le résultat escompté sera négatif. Dans ce cadre de pression, les ingénieurs Web et les autres acteurs Web doivent utiliser des méthodes adaptées pour la planification, l'analyse, la conception et le test, essayant ainsi de fournir des applications Web de qualité et dans des délais souvent très courts.

***Sécurité*** : étant donné que les applications Web sont disponibles pour un nombre illimité d'utilisateurs, il est impératif de sécuriser certaines données importantes ou des transactions critiques. L'aspect sécuritaire prend alors tout son sens en essayant de limiter les accès frauduleux tout en garantissant ainsi la survie et l'évolution de l'application.

***Esthétique*** : une grande partie de l'acceptation d'une application Web est son aspect esthétique. Cet aspect dépend énormément de la nature de l'application, de son audience cible et de la stratégie de fidélisation visée par l'organisation. À titre d'exemple, cet aspect est très important s'il s'agit d'un site de marque. Par contre, il perd de son importance dans un site de collaboration Intranet.

## I.2. PROCESSUS DE DEVELOPPEMENT WEB

**Cinq activités principales de développement caractérisent ce processus :**

Le processus d'ingénierie Web commence d'abord par la formulation du problème à résoudre par l'application Web. Le projet est ensuite planifié et les besoins sont analysés. Après cela, Les activités de conception de l'architecture, de la navigation et de l'interface usager sont conduites. Le système est ensuite construit en utilisant des langages et des outils spécialisés associés au Web. Les applications Web sont très évolutives et donc les activités de gestion de la configuration, de l'assurance qualité et de maintenance doivent être conduites très tôt dans le cycle de développement. L'ingénierie du Web s'appuie sur une évaluation technique et formelle pour assurer la qualité de l'analyse et des modèles conceptuels. Des revues spéciales sont conduites afin d'évaluer l'utilisabilité (usability) des applications Web. Finalement, des activités de tests sont appliquées pour découvrir les erreurs dans le contenu et les fonctionnalités ainsi que des erreurs de compatibilité.

**Examinons un peu plus en détail les cinq activités du développement Web :**

1. **Communication avec le client :** Dans le processus d'ingénierie WebE, la communication avec le client est caractérisée par deux activités majeures à savoir : L'analyse des besoins d'affaire et la formulation.

L'analyse des besoins d'affaire définit le contexte d'affaire et organisationnel de l'application Web. Les intervenants sont identifiés, les changements futurs dans l'environnement d'affaire ou dans les exigences sont prédit et l'intégration de l'application Web avec d'autres applications, bases de données ou fonctions est clairement définie.

La formulation consiste en la collecte des besoins impliquant tous les intervenants du projet Web. Le but est de décrire le problème que l'application entend résoudre. En plus, une tentative de trouver les zones d'incertitude ou des changements possibles est réalisée lors de cette étape.

2. **Planification :** Un plan de projet de l'application Web est créé. Le plan consiste en la définition des tâches et la préparation d'une cédule (en général mesurée en semaines) pour la période de temps du projet.
3. **Modélisation :** Les activités d'analyse et de conception conventionnelles sont adaptées au développement Web et appliquées dans le cadre du processus d'ingénierie Web. Le but est de développer rapidement des modèles d'analyse et de conception capable de représenter les besoins des utilisateurs et l'application qui répond à ces besoins.
4. **Construction :** Des outils et technologies Web sont utilisés pour construire l'application modélisée dans l'étape précédente. Une fois le projet réalisé, des tests rapides sont effectués pour déceler les erreurs de conception (contenu, architecture, interface, navigation, etc.).
5. **Déploiement :** L'application Web est configurée pour l'environnement opérationnel, délivrée aux utilisateurs et une période d'évaluation débute. Les demandes de changement sont acheminées vers l'équipe de développement Web et le projet est mis à jour.

Ces cinq activités de développement Web sont appliquées en utilisant un processus incrémental comme le décrit le schéma suivant :

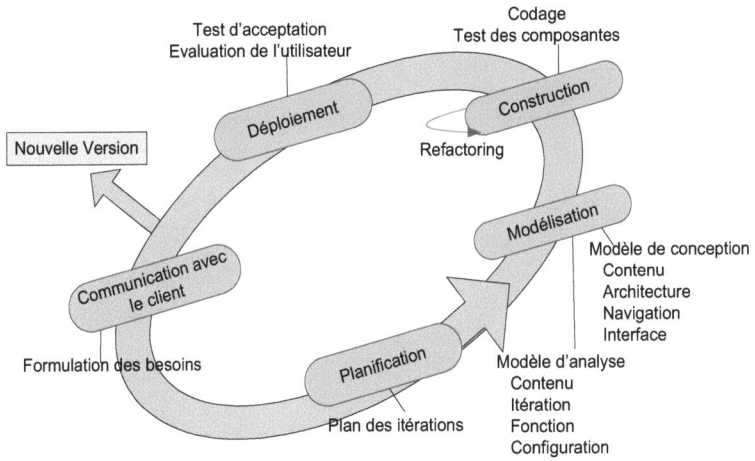

**Figure 1.1Processus WebE [Presman2005]**

Comme on le voit, les étapes et activités de développement Web sont très similaires à celles du développement traditionnel en génie logiciel. Cependant, c'est au niveau des attributs (caractéristiques) des projets Web et au niveau du processus de gestion des projets Web que la démarcation entre Ingénierie du Web et Ingénierie du logiciel est la plus apparente.

## II. TYPOLOGIE ET DIFFÉRENCIATION DES APPLICATIONS WEB

Cette section fait ressortir les différences entre, d'une part, les applications Web entre elles et, d'autre part, les différences entre applications Web et applications traditionnelles. C'est donc un aspect majeur de l'ingénierie du Web.

### II.1. TYPOLOGIEDES APPLICATIONS WEB

- [Bordage2003] identifie les catégories d'applications Web suivantes :
- Les sites catalogues.
- Les sites marchands.
- Les sites institutionnels.
- Les sites de marque.
- Les sites communautaires.
- Les intranets.
- Les portails d'entreprise.

Ces catégories peuvent être positionnées selon les quatre repères suivants :

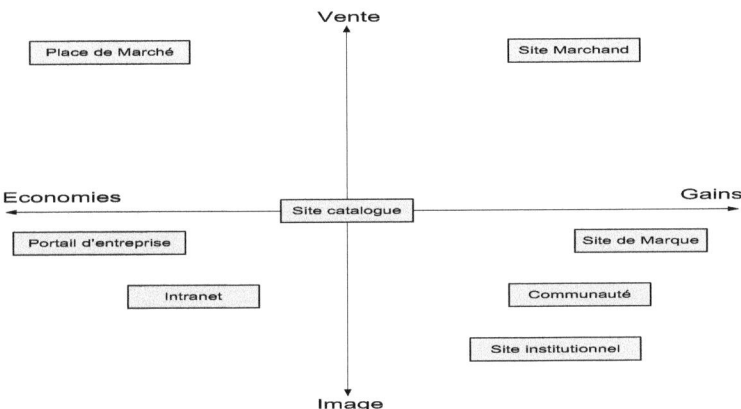

**Figure 1.2  Positionnement des projets Web [Bordage2003]**

Chaque catégorie d'application web possède des objectifs et des indicateurs de mesure spécifiques. [Bordage2003] dresse le tableau suivantde ces différences :

**Tableau 1.1 Différences entre applications Web [Bordage2003].**

| Types | Objectifs | Indicateurs |
|---|---|---|
| Site Marchand | Vendre | Chiffre d'affaires, bénéfices, volumes, panier moyen, nombre de clients. |
| | Compléter le réseau de distribution | Pourcentage du CA en ligne vs Pourcentage du CA hors ligne. |
| | Fournir un support | Nombre d'appels/cas traités |
| Site de Marque | Exister | Points de notoriété, points d'agrément, nombre de pages vues, nombre de visites, nombre d'abonnés à la *newsletter*. |
| | Entretenir la relation | Nombre de visites, nombre de pages vues, temps moyen de session, taux de lecture de la *newsletter*, nombre de commandes si la boutique virtuelle existe. |
| | Constituer un fichier | Nombre de contacts, nombre |

| | | |
|---|---|---|
| | | d'informations par contact. |
| | Rajeunir la cible | Nombres de nouveaux consommateurs recrutés. |
| Portail d'entreprise/Intranet | Informer | Nombre d'articles lus. |
| | Communiquer | Nombre de téléchargement, nombre d'e-mails traités. |
| | Réaliser des économies | Nombre de procédures automatisées, nombre d'années/hommes économisées. |
| | Augmenter la compétitivité | Nombre d'informations concurrentielles collectées/affichées par période. |
| | Augmenter la mobilité | Nombre d'applications bureautiques intégrées. |
| Institutionnel | Informer | Nombre d'articles lus. |
| | Communiquer | Nombre de téléchargement. |
| | Gérer la crise | Nombre de courriels, nombre de téléchargement. |
| Communautaire | Échanger | Nombre de membres, temps de session, nombre de visiteurs par période. |
| | Constituer un fichier | Nombre de contacts, nombre d'informations par contact. |
| | Créer du contenu | Nombre d'articles. |

## II.2. DIFFÉRENCES ENTRE APPLICATIONS WEB ET APPLICATIONS TRADITIONNELLES

En 1998, dans une table ronde virtuelle sur l'ingénierie du Web, Roger Pressman[Pressman1998] a ouvert la discussion par cette question fondamentale : Est-ce que les systèmes basés sur Internet peuvent faire partie de l'ingénierie au sens conventionnel du terme ? Si la réponse est non, qu'est ce qui fait qu'ils sont si différents?

Parmi les éléments de différentiation, il y avait les réponses suivantes :

a. **Les cycles de vie de ces projets sont courts.**

Le processus Web est inspiré en majeure partie des méthodes de développement agiles. Cette adoption est caractérisée par des cycles de développement d'une durée très courte et la nécessité d'avoir un produit de qualité. Cependant, il est important de signaler que pour les projets Web de grande envergure, cette règle ne s'applique plus. En effet, des processus plus matures et plus robustes sont nécessaires (comme RUP, par exemple). Par contre, des parties spécifiques avec des objectifs similaires à ceux des projets de courte durée peuvent nécessiter l'adoption de méthodes agiles.

Il y a donc différents cycles de vie utilisés pour la gestion de projets web. Ils sont principalement inspirés des modèles de gestion de projets informatiques traditionnels et plus spécifiquement des modèles de développement dits itératifs et incrémentaux tels que RUP et XP. En effet, ce genre de modèle est très bien adapté aux projets Web, d'une part pour réduire le risque d'échec et d'autre part, pour mettre le produit Web sur le marché dans les meilleurs délais. De plus, les projets Web comportent des parties qui relèvent de l'artistique et du design et qui doivent obligatoirement être raffinées sur plusieurs itérations.[Friedlein2000] a aussi noté l'association de ces cycles avec certains concepts émanant des secteurs de gestion de projet audio-visuel, de production TV et éditorial. Ceci est principalement dû à la nature même des projets Web, sites de marque, sites d'entreprise, etc. où l'aspect marketing et l'image de marque sont très importants.

Voici un exemple de cycle de vie de projet Web tel que conçu par Jean-Marc Loisil.

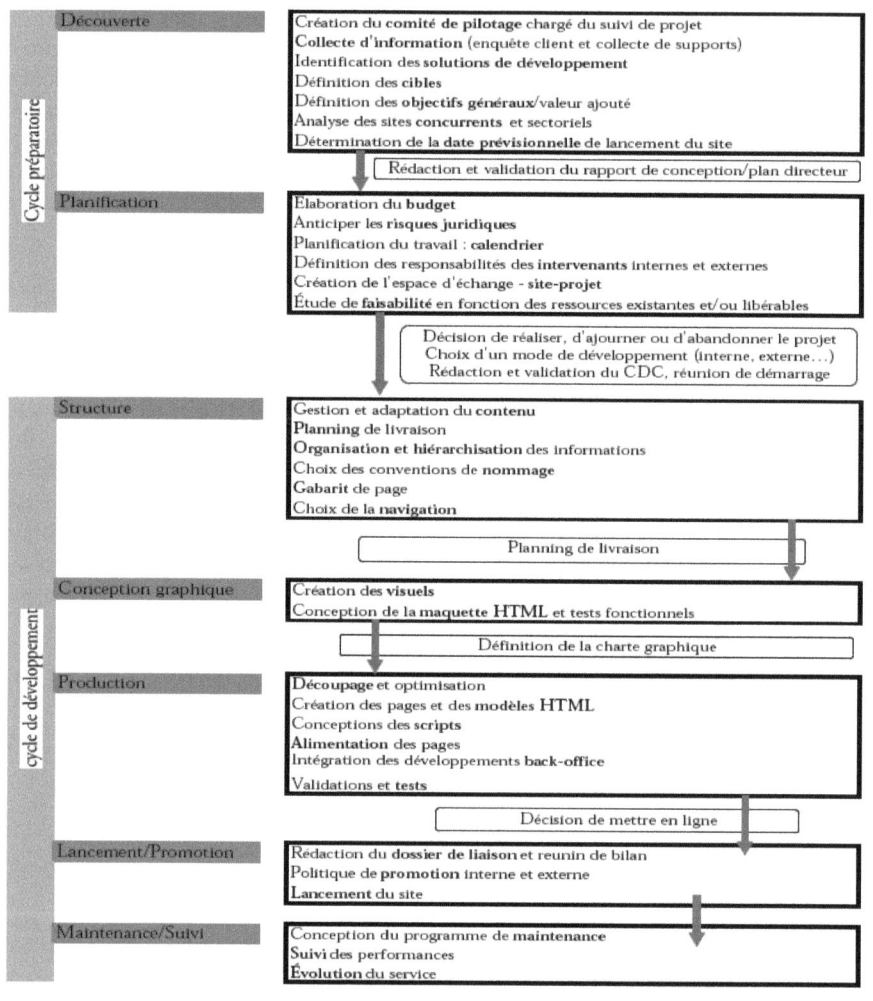

**Figure 1.3   Cycle de vie d'un projet Web [wwwLoisil2005]**

b.  Les utilisateurs sont nombreux

Les utilisateurs sont nombreux, leurs besoins sont plus ou moins bien formulés et leurs compétences sont très différentes.

### c. La gestion de projets repose sur une équipe hétérogène

La gestion de projet web nécessite un certain nombre de compétences très différentes les unes des autres. L'équipe de projet Web doit combiner les connaissances et technologies dans les domaines suivants [Bordage2003] et [Friedlein2000]:

- Développement de logiciel
- Publication et production éditoriales
- Création artistique
- Production multimédia
- Planification et déroulement d'entreprise commerciale
- Marketing
- Droit des contrats
- Fiscalité
- Sécurité

En plus des habilités de communication que le chef de projet doit avoir, il est parfois tenu de connaître plusieurs langues pour pouvoir gérer son équipe et mieux gérer le contenu des projets Web. En effet, il y a de plus en plus d'équipes hétérogènes et de sites multilingues.[Pressman2005] indique qu'un certain savoir faire doit être partagé au sein de l'équipe de développement. Pour cela, les rôles suivants peuvent êtres attribués aux membres de l'équipe Web[Hansen1999]:

***Développeur du contenu*** : étant donné que les applications Web ont comme fonction principale la présentation de l'information ou du contenu, ce rôle est donc d'une importance capitale dans l'équipe. Ce rôle est généralement joué par un membre 'non-IT'. Son travail consiste à générer et à collecter le contenu et les données devant être présentés sous forme d'information dans l'application Web.

***Éditeur Web*** : ce rôle est la charnière entre le développeur du contenu et l'ingénieur Web (d'une façon plus générale entre le non-technique et le technique). C'est lui qui est responsable de la présentation du contenu. La caractéristique fondamentale de ce rôle est de connaître les technologies éditoriales ainsi que les technologies relatives à l'ingénierie Web.

***Ingénieur Web*** : l'ingénieur Web est impliqué dans diverses activités du développement Web, à savoir la gestion des exigences, l'élaboration de l'analyse et de l'architecture, la conception de l'interface et de la navigation. Il est tenu aussi de mettre en oeuvre la solution et de la tester.

Ce rôle nécessite la connaissance des domaines techniques suivants :

- Technologies des composantes
- Architectures client/serveur
- HTML/XML
- Connaissances suffisantes dans les concepts multimédias.
- Technologies des Bases de données
- Plateformes matérielles et logicielles
- Sécurité des réseaux

***Expert du domaine d'affaires*** : l'expert doit donner des réponses à tout ce qui a trait aux objectifs d'affaires de l'application Web et à ses exigences. C'est lui qui défend les intérêts du client et/ou des utilisateurs finaux. C'est lui qui détermine à la fin si l'application Web répond aux besoins réels du client.

***Spécialiste du support*** : ce rôle est joué par le membre qui doit prendre la relève une fois l'application terminée. Étant donné qu'une application Web est en évolution continue, le spécialiste du support est donc porté à réaliser des activités de maintenance et de mise à jour telles que faire des corrections, des adaptations et des améliorations sur le contenu et l'application.

***Administrateur*** : plus connu sous le nom de '***WebMaster***', il est le responsable des opérations quotidiennes effectuées sur l'application ou ses données. Son champ d'action consiste en la mise à jour quotidienne du contenu, l'attribution des rôles aux utilisateurs, faire des sauvegardes de données, réaliser des mesures et des analyses du trafic de l'application et à coordonner des changements avec le spécialiste du support. Ce rôle n'est pas technique mais il est possible qu'il soit appelé à s'impliquer dans des activités techniques comme celles attribuées aux ingénieurs Web et aux spécialistes du support. Voici un exemple de structure d'équipe pour un projet Web de grande envergure [Friedlein2000].

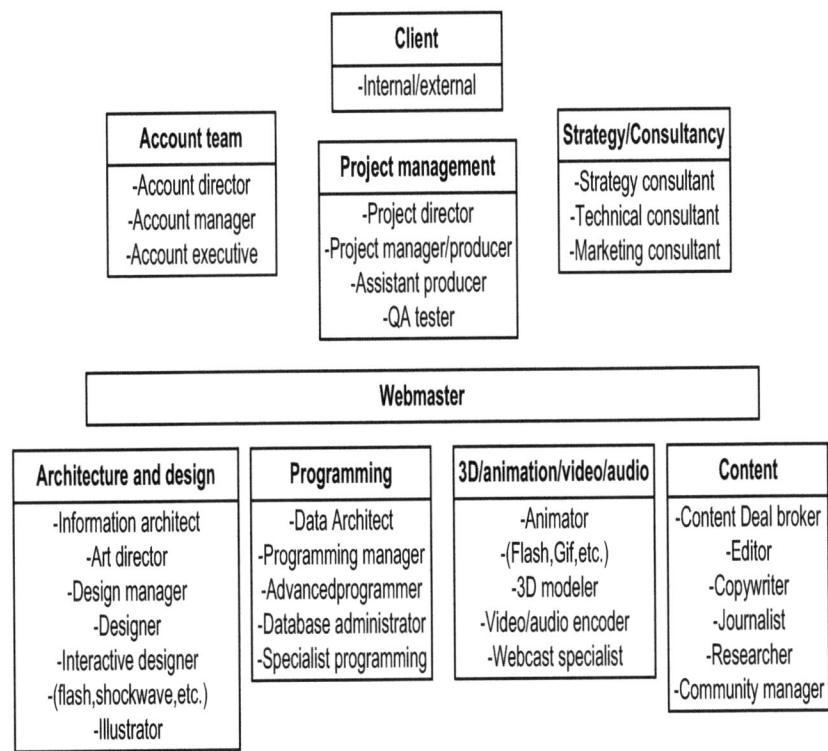

**Figure 1.4  Structure d'une équipe de projet Web d'envergure**

Il est à noter qu'il est très rare d'avoir tout ce personnel dans la réalité à cause des contraintes de budget ou de disponibilité de personnel.

| [Holk2001] a montré aussi que les applications Web se distinguent des applications traditionnelles notamment par les aspects | **Applications traditionnelles** |
|---|---|

| suivants : **Applications Web** | |
|---|---|
| Le groupe d'utilisateurs est différent : | |
| Utilisateurs n'appartenant à aucune organisation | Dans les applications traditionnelles, les utilisateurs sont clairement identifiés à un département, une division, une organisation.<br><br>Pour les applications Web, les utilisateurs sont plutôt caractérisés selon le concept d'audience cible. |
| Utilisateurs n'ayant pas les mêmes objectifs. | En général, les objectifs des utilisateurs sont les mêmes que ceux du fournisseur. C'est pour cette raison qu'ils se sont communément engagé. Dans la majorité des applications Web, les utilisateurs n'ont pas les mêmes objectifs. À titre d'exemple : le propriétaire du site veut avoir des bannières de publicité alors que les utilisateurs n'aiment pas cela. Les utilisateurs veulent avoir des liens directs vers les compétiteurs alors que ce n'est pas ce que le propriétaire veut. |
| Les exigences sont différentes : | |
| Les exigences non fonctionnelles peuvent être primordiales. | Les applications traditionnelles se concentrent en premier lieu sur les exigences fonctionnelles (c'est ce qui va définir l'architecture et les modèles conceptuels, etc.) et laissent les exigences non fonctionnelles pour la fin. Cette tendance est en train de s'estamper avec l'émergence des interfaces graphiques et d'autres exigences non fonctionnelles.<br><br>Pour l'application Web, le principal objectif est de livrer un message à l'utilisateur (pas de donner une simple information), ce qui est en soi un objectif non fonctionnel. Dans une récente étude [Zhang2001], sur les cinq caractéristiques majeures dans six domaines d'applications Web, seule la fonctionnalité 'outil de recherche' y figure. C'est ce genre de divergence qui fait que les méthodes et outils utilisés dans les applications traditionnelles ne sont plus valables dans le contexte des applications Web. |
| Le client peut être dans l'incapacité de déterminer ses | Typiquement, le client (la direction) définit les lignes directrices de l'application. Ensuite, c'est au tour des analystes et des concepteurs de chercher davantage avec |

| | |
|---|---|
| exigences fonctionnelles. | les utilisateurs finaux afin d'établir la liste des fonctionnalités requises pour atteindre les objectifs de la direction. Dans le cas des applications Web, même si le client a une idée claire des objectifs de l'application (attirer de nouveaux clients, vendre des produits, livrer un certain message, etc). De plus, les utilisateurs ont généralement beaucoup de difficulté à élucider ces besoins. La meilleure façon de faire consiste alors à jumeler les efforts de tous les intervenants (clients, développeurs, concepteurs d'IHM et utilisateurs) au cours du développement afin de clarifier les fonctionnalités.Ceci nous indique que les cycles de vie itératifs sont plus adaptés que les cycles de vie en cascade. |
| Les estimations ne peuvent pas se baser sur les fonctionnalités. | Dans les projets traditionnels, on utilise le plus souvent des techniques comme les points de fonction dans le modèle COCOMO afin d'estimer la taille, l'effort et la durée d'un projet. |

Au niveau du processus de gestion des projets Web, [Kulik2000] présente dans le tableau suivant les points de rapprochement et de divergence entre la gestion de projets traditionnels et la gestion des projets web.

| Étape | Projets traditionnels | Projets Web (petite taille) | Projets Web (grande taille) |
|---|---|---|---|
| Gestion des exigences | Rigoureuse | Limitée | Rigoureuse |
| Spécifications techniques | Robuste : Modèles, documents de spécification | Description de la vue globale | Robuste : Modèles UML, documents de spécification |
| Durée du projet | Mesurée en mois ou années | Mesurée en jours, semaines ou mois. | Mesurée en mois ou années |
| Tests et Assurance qualité | Atteinte des objectifs de qualité prédéfinis. | Emphase sur le contrôle des risques. | Atteinte des objectifs de qualité selon les normes et standards du Web. |
| Gestion du | Explicite | implicite | Explicite |

| risque | | | |
|---|---|---|---|
| Gestion des versions | Rigoureuse | Non rigoureuse | Rigoureuse |
| Communication avec le client après l'installation. | Communication proactive et explicite des clients. | Obtenue automatiquement à partir des interactions des utilisateurs | Obtenue automatiquement à partir des interactions des utilisateurs et explicite à partir de formulaires Web. |

Le processus de gestion des processus Web n'est pas un processus rigide. Il peut être raffiné et adapté selon les besoins de l'équipe de développement. Certaines activités peuvent êtres réalisées d'une façon informelle alors que d'autres doivent être conduites plus rigoureusement. Il est même possible que certaines activités soient omises, modifiées ou étendues en se basant sur les caractéristiques du problème, du produit, du projet ou de l'équipe de développement Web. La flexibilité de ce processus agile répond bien aux contraintes de temps auxquelles fait face la plupart des projets Web. Cependant, dans le cas de projets d'envergure, le développement pourrait se faire d'une façon plus rigoureuse qui nécessite ainsi des livrables plus complets donc un temps de développement plus long. La gestion de tels projets se rapproche alors des projets traditionnels.

Enfin, les différences entre applications Web et applications traditionnelles résident aussi dans la nature des fonctionnalités fournies. Les catégories de fonctionnalités que les applications Web peuvent fournir sont les suivantes : [Dart1999].

***Informationnel*** : lecture du contenu fourni par simple navigation via des liens hypertextes.

***Téléchargement*** : l'utilisateur peut télécharger des ressources d'un serveur donné.

***Personnalisation*** : l'utilisateur peut personnaliser le contenu de l'application selon ses préférences.

***Interaction*** : la communication entre groupes d'utilisateurs peut se faire via des forums de discussion, des sites de messagerie instantanée, etc.

***Collecte de données*** : les formulaires Web sont le principal mécanisme pour récupérer les entrées des utilisateurs Web.

***Orientée transaction*** : l'utilisateur fait une requête (exemple : placer un bon de commande) qui est traitée par l'application Web.

***Orientée service*** : ce genre de fonctionnalité est né avec le Web notamment grâce aux services Web. L'utilisateur demande un service que l'application Web peut lui fournir. Généralement, ceci se fait grâce à des annuaires de services.

***Portail*** : l'application peut rediriger l'utilisateur vers d'autres applications ou services plus spécialisés se trouvant en dehors des limites du domaine du portail (par exemple diriger un cyber-citoyen vers un ministère en particulier et ce, à partir du site original du gouvernement).

***Accès à la base de données*** : l'utilisateur exécute une requête et extrait les informations d'une base de données.

***Entrepôt de données*** : l'utilisateur peut lancer des requêtes sur une collection de larges bases de données distribuées.

# CHAPITRE I

# PROCESSUS D'ESTIMATION DES PROJETS WEB

## I. PROBLÉMATIQUE DE L'ESTIMATION DES PROJETS WEB

Cette problématique est observable dans deux directions : d'une part au niveau des faiblesses dans les étapes d'estimation des projets Web et, d'autre part, dans l'inadéquation des modèles d'estimation traditionnels lorsqu'ils sont appliqués au Web. C'est probablement le maillon le plus faible actuellement dans l'ingénierie du Web car si des progrès ont pu être réalisés dans la création de langages de programmation Web et dans les méthodes de développement Web, il n'y a encore que peu de contributions significatives dans les méthodes de gestion Web de sorte que le processus d'estimation des projets Web est encore un processus immature.

## I.1. FAIBLESSES DANS LES ÉTAPES D'ESTIMATION DES PROJETS WEB

En général, le processus d'estimation des projets informatiques (incluant les projets Web) comprend cinq étapes fondamentales :

1. L'estimation de la taille
2. L'estimation de l'effort
3. L'estimation de la durée
4. L'estimation du personnel
5. L'estimation du coût

Le schéma suivant illustre les étapes de réalisation de ce processus d'estimation.

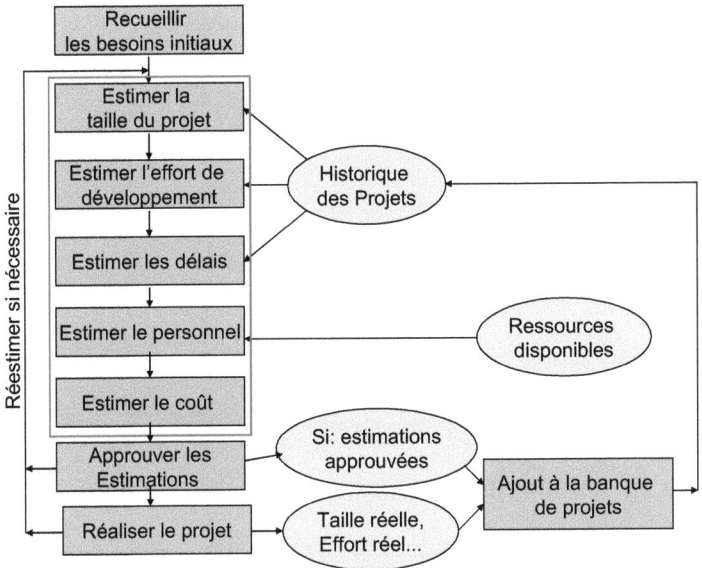

**Figure 2.1  Processus d'estimation d'un projet [Peters2000]**

### *Les faiblesses au niveau de l'estimation de la taille :*

Avant d'estimer l'effort ou la durée d'un projet, il est primordial d'avoir une estimation de la taille la plus précise possible car la taille est la variable principale dans l'estimation de l'effort comme on le verra dans les modèles algorithmiques de la section suivante.

Or, au début du projet, peu de données sont disponibles et ceci risque d'écarter cette activité importante du processus d'estimation. Il est suggéré de commencer à spécifier les besoins des utilisateurs et les exigences du logiciel et du système. Plus l'estimateur possèdera d'informations, mieux il sera en mesure de faire une bonne estimation. Or, le processus d'estimation est un processus itératif et continu. En effet, en avançant dans le développement d'un projet, les livrables générés fourniront des éclaircissements importants et la ré-estimation sera meilleure que la précédente.

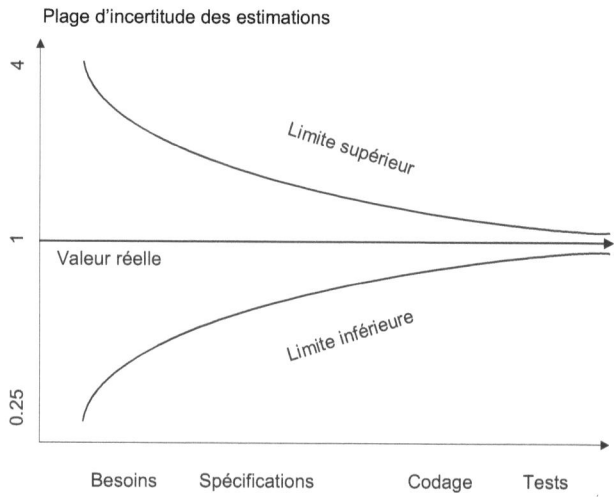

**Figure 2.2  Fiabilité des estimations selon les étapes de développement**
[McConnel1996]

Les deux principales méthodes d'estimation de la taille selon [Peters2000] sont :

*L'analogie* : Il s'agit d'estimer la taille d'un projet en se basant sur celle déjà connue d'un projet similaire développé précédemment. Or, dans la réalité, il existe très peu de projets suffisamment similaires surtout dans le cas des projets Web ayant des attributs très spécifiques et très nombreux comme on l'a vu précédemment.

*La comptabilisation des fonctionnalités d'un système* : Il s'agit de calculer le nombre d'entrées, sorties, interrogations, fichiers internes et externes selon une approche algorithmique comme celle de la méthode des points de fonction d'IFPUG (Voir Appendice B). Or, dans le cas des projets Web, cette méthode est inadéquate car ces projets contiennent non seulement des fonctionnalités mais aussi des liens, des scripts, des fichiers multimédias etc. Actuellement, il n'y a pas de standard pour une mesure de la taille des projets Web.

*Les faiblesses au niveau de l'estimation de l'effort :*

Comme pour la taille, l'effort peut être estimé soit par analogie avec une faible probabilité de trouver un projet tout à fait similaire, soit par un modèle algorithmique comme COCOMO II ou le modèle des points de fonction de l'IFPUG. Cependant, ces modèles ne tiennent pas compte suffisamment des spécificités des projets Web et sont donc inadéquats pour cet environnement comme on le verra dans la section suivante.

*Les faiblesses au niveau de l'estimation de la durée :*

Les projets Web sont souvent contraints par une durée fixe de réalisation qui soit la plus courte possible compte tenu des exigences de leur processus d'affaire pour être le premier sur le marché. Dans ce cas il est difficile d'utiliser des méthodes structurées comme P.E.R.T ou C.P.M qui sont basées sur le calcul de dates de début et de fin, au plus tôt et au plus tard, et sur l'estimation d'un délai minimum, d'un délai raisonnable et d'un délai maximum. On doit se contenter le plus souvent d'un ordre de grandeur pour l'estimation d'un délai vraisemblable en se servant d'une simple relation empirique entre le délai et l'effort de [McConnel 1996] formulée comme suit :

$$\text{Délai en mois} = 3.0 * (\text{Charge en mois})^{1/3}$$

Dans laquelle le coefficient 3.0 peut varier de 2.0 à 4.0 selon les types d'applications Web.

*Les faiblesses au niveau de l'estimation du personnel :*

Cette estimation dérive directement de celles de l'effort et du délai car Personnel= Effort divisé par délai. Or si les estimations de l'effort et la durée sont biaisées car inadéquates pour le Web, il en résultera une estimation biaisée pour le personnel.

*Les faiblesses au niveau de l'estimation du coût du projet :*

Comme pour le personnel, le coût dérive directement de l'estimation de l'effort. Donc, la fiabilité de l'estimation du coût d'un projet dépend de la fiabilité de l'estimation de son effort de développement qui est encore très problématique actuellement compte tenu de la rareté des modèles fiables d'estimation de l'effort de développement des projets Web et de l'absence d'un standard de mesure de la taille comme on le verra à la section suivante.

## I.2. INADÉQUATION DES MODÈLES TRADITIONNELS D'ESTIMATION

Selon le groupe international [ISBSG2004], les projets Web offrent un champ nouveau d'application des modèles d'estimation du génie logiciel telsque le modèle COCOMO II ou le modèle des points de fonction, en particulier pour les applications Client-Serveur dans le contexte du Web.

Cependant, ces modèles traditionnels nécessitent des ajustements pour tenir compte des particularités des projets Web, notamment l'existence d'activités '**non-IT**' telles que la formulation de la stratégie marketing, l'analyse du processus d'affaire, le développement des graphiques et les techniques éditoriales [Bordage2003].

Le caractère unique des projets Web apparaît également dans l'identification des activités techniques (activités 'IT') qui nécessitent le plus d'effort de développement. Le tableau suivant montre que les activités dominantes pour les projets Web sont le prototypage, le codage, les tests unitaires et fonctionnels, ce qui les différencie beaucoup des projets MIS, des projets systèmes et des projets militaires.

**Tableau 1.1 Répartition de l'effort selon les activités [Jones2002]**

| Activités réalisées | Projets Web | Projets MIS | Projets Système | Projets militaires |
|---|---|---|---|---|
| 01 Exigences | 3% | 7.5% | 4% | 7% |
| 02 Prototypages | 10% | 2% | 2% | 2% |
| 03 Architecture | | 0.5% | 1.5% | 1% |
| 04 Plan de projet | | 1% | 2% | 1% |
| 05 Conception globale | | 8% | 7% | 6% |
| 06 Conception détaillée | | 7% | 6% | 7% |
| 07 Revue de conception | | | 2.5% | 1% |
| 08 Codage | 25% | 20% | 20% | 16% |
| 09 Réutilisation des acquisitions | 5% | | 2% | 2% |

| | | | | |
|---|---|---|---|---|
| 10 Achat de package | | 1% | 1% | 1% |
| 11 Inspection de code | | | 1.5% | 1% |
| 12 Ind. Verif. & Valid. | | | | 1% |
| 13 Gestion de configuration. | | 3% | 1% | 1.5% |
| 14 Intégration formelle | | 2% | 2% | 1.5% |
| 15 Documentation (Usager) | 5% | 7% | 10% | 10% |
| 16 Tests unitaires | 25% | 4% | 5% | 3% |
| 17 Tests fonctionnels | 17% | 6% | 5% | 5% |
| 18 Tests d'intégration | | 5% | 5% | 5% |
| 19 Tests système | | 7% | 5% | 6% |
| 20 Tests de champs | | | 1.5% | 3% |
| 21 Tests d'acceptation | | 5% | 1% | 3% |
| 22 Tests d'indépendance | | | | 1% |
| 23 Assurance qualité | | | 2% | 1% |
| 24 Installation/Formation | | 2% | 1% | 1% |
| 25 Gestion de projet | 10% | 12% | 12% | 13% |
| **Total** | **100%** | **100%** | **100%** | **100%** |
| **Activités réalisées** | **8** | **18** | **23** | **25** |

[Reifer2000] présente dans le tableau suivant les différences entre l'approche traditionnelle et l'approche Web dans le domaine de l'estimation des projets.

**Tableau 1.2 Comparaison des méthodes d'estimation [Reifer2000]**

| | Approche traditionnelle | Approche Web |
|---|---|---|
| Processus d'estimation | Utilisation courante de la méthode par analogie (projets similaires) en y ajoutant des enseignements tirés des projets antérieurs. | Estimations informelles et souvent trop optimistes de l'effort par des développeurs seulement. |
| Estimation de la taille | Les lignes de code et les points de fonction sont utilisés dans les modèles algorithmiques incluant les COTS (package) et les logiciels réutilisés (générant l'équivalent d'autres lignes de codes qui seront ajoutées aux | La taille est estimé selon une variété d'objets Web (HTML, applets, composantes, etc.) mais il n'y a pas encore de consensus sur une métrique standard de la taille à |

|  | estimations). A défaut on procède par analogie. | adopter pour le Web. |
|---|---|---|
| Estimation de l'effort | Utilisation de modèles algorithmiques de type COCOMO II ou modèle des points de fonction. À défaut de modèle, on utilise la méthode par analogie. | Les modèles algorithmiques de type WebMo sont rares. Peu d'historique de projets Web pour l'approche par analogie. Alors l'effort est simplement déterminé en subdivisant le projet en tâches ou livrables. |
| Estimation de la durée | On utilise soit la relation cubique entre la durée et l'effort ou bien les équations de la durée dans les modèles algorithmiques. | Approche par analogie car la relation cubique durée versus effort n'est pas appropriée selon[Reifer2000]. |
| Estimation de la qualité | Utilisation de métriques simples comme le taux d'erreurs ou recours à des modèles algorithmiques comme COQALMO. | Utilisation de métriques simples comme le taux d'erreurs mais de nouvelles métriques s'avèrent nécessaires pour estimer la qualité du multimédia. |
| Calibration des modèles | Au moyen des données réelles contenues dans les projets antérieurs. | Au moyen des données réelles contenues dans les projets antérieurs. |
| Analyse décisionnelle ('what if') et analyse de risque | Les modèles algorithmiquespermettent des analyses d'impact dans les équations de régression ainsi que des analyses de risque en donnant une valeur minimum, une valeur maximum et une valeur vraisemblable (probable). | Peu courante pour les petits projets Web mais indispensable pour les projets d'envergure et les projets transactionnels. |

L'immaturité des projets Web par rapport aux projets traditionnels est illustrée par les statistiques suivantes [STANDISH2003] :

**Tableau 1.3 Performance des projets Web et des projets traditionnels**

| Développement Web en 2000 | Développement traditionnel |
|---|---|
| 63% dépassent leur budget. 79 % dépassent leur cédule. 84% ne répondent pas aux besoins spécifiés. 53% n'atteignent pas les fonctionnalités requises. 52% livrés avec une qualité médiocre. | En 1994 : 53 % Avec retard. 31 % Échec. 16 % Réussi En 2000 : 49 % Avec retard. 23 % Échec. 28 % Réussi |
| **Immature** | **Mature** |

Ces statistiques montrent que les projets Web sont encore plus mal gérés que les projets traditionnels en dépassant largement leur budget, leur délai et en ne réalisant pas les fonctionnalités prévues et les exigences de qualité. Il devient donc nécessaire d'améliorer l'efficacité du processus d'estimation des projets Web pour contrôler et améliorer la qualité de leur développement.

## II. MODÈLES D'ESTIMATION DES PROJETS WEB

Il existe encore très peu de modèles bien structurés pour l'estimation des projets Web. À l'exception de COCOMO II et WebMo que nous allons présenter en détail, les autres modèles comme WebCOBRA[Ruhe2003a] et CWADEE[Ochoa2003] ont une portée limitée en se basant sur de petits projets Web seulement et en présentant une structure mathématique rudimentaire.

## II.1. LE MODÈLE COCOMO II

Il s'agit d'un modèle qui dispose d'une grande notoriété si l'on considère qu'il est largement reconnu et utilisé dans les entreprises du secteur privé et les organisations du secteur public à travers le monde.

Cette notoriété est attribuable aux aspects suivants :

Sa première version de 1981, COCOMO I, avait été élaborée à partir d'une banque de 160 projets émanant des secteurs commercial, industriel, militaire et scientifique.

Sa structure mathématique était très raffinée car le modèle utilisait 17 variables explicatives de l'effort de développement, 6 niveaux d'exigence allant de très bas à très haut pour chacune de ces variables et il offrait 3 niveaux d'estimation de plus en plus détaillés au fur et à mesure qu'on avançait dans le cycle de développement.

Dans sa version la plus détaillée, il était considéré comme un modèle fiable avec une bonne capacité de prédiction PRED (20)=70 % c'est-à-dire une probabilité de 70 % pour que l'estimation de l'effort soit égale à +/- 20 % de l'effort réel.

Le modèle COCOMO a acquis une grande maturité au cours des 20 dernières années car ses paramètres ont été re-calibrés pour tenir compte des nouveaux environnements orientés objets, des pratiques de réutilisation des composantes logiciel (COTS) et l'introduction des langages de quatrième et cinquième génération. Il en résulte une fiabilité accrue de ses estimations avec un PRED (20)=80% dans la version plus détaillée 'COCOMO II post-architecture'.

C'est un modèle qui est resté très flexible car il existe toujours une version rudimentaire de base 'COCOMOII-Avant-projet' (Early Design) qui est moins fiable car elle n'offre qu'un ordre de grandeur de l'estimation de l'effort mais qui a l'avantage de produire cette estimation très tôt, c'est-à-dire durant la phase de planification donc avant même que le développement ne commence.

Il existe aussi une version dite 'modèle de composition d'application' basée sur le prototypage dans le cas de projets fabriqués avec des outils graphiques RAD.

- On présentera ici la version *'COCOMO II post-architecture'* qui est la plus complète et la plus fiable dans le domaine de l'estimation des projets. La structure analytique de ce modèle est basée sur 17 variables explicatives de l'effort (appelées multiplicateurs d'effort) qui sont directement reliées au développement du produit logiciel et on a ajouté 5 variables représentatives de l'environnement de développement qui sont présentées sous forme d'exposants d'échelle.

- Les équations de base de l'effort de développement sont les suivantes :

$$\text{Effort} = A * \text{Taille}^E * \prod_{i=1}^{n} EM_i$$

Où

$$E = B + \sum_{j=1}^{5} SF_j / 100$$

Les paramètres de ces deux équations sont définis comme suit :

- L'effort est exprimé en Personnes-Mois.
- A = 2.94 est une constante associée à la taille qui est la variable centrale mesurée en points de fonction ou en milliers de lignes de code (KSLOC).
- E est un exposant d'échelle qui signifie que l'effort varie de façon non proportionnelle à la taille selon que E>1 ou E<1. Cet exposant E est basé sur une constante B=0.91 et 5 facteurs d'échelle (SF pour ScaleFactors) dont les valeurs varient selon les exigences initiales pour le développement, comme le montre le tableau suivant :

**Tableau 1.4 Les 5 facteurs d'échelle (SF) de COCOMO II Post-Architecture**

| Facteur d'échelle | Niveaux d'exigence | | | | | |
|---|---|---|---|---|---|---|
| | très bas | bas | normal | haut | très haut | extra haut |
| 1. L'expérience (PREC) | 6.20 | 4.96 | 3.72 | 2.48 | 1.24 | 0 |
| 2. Flexibilité de développement (FLEX) | 5.07 | 4.05 | 3.04 | 2.03 | 1.01 | 0 |
| 3. Architecture/ résolution des risques (RESL) | 7.07 | 5.65 | 4.24 | 2.83 | 1.41 | 0 |
| 4. Cohésion de l'équipe (TEAM) | 5.48 | 4.38 | 3.29 | 2.19 | 1.10 | 0 |
| 5. Maturité du processus (PMAT) | 7.80 | 6.24 | 4.68 | 3.12 | 1.56 | 0 |

- On remarque que plus le niveau d'exigence est faible et plus la valeur des facteurs d'échelle est élevée. Autrement dit lorsque l'environnement de développement est peu performant avec de faibles exigences, l'effort de développement est plus élevé et donc la productivité sera plus faible. Inversement, si les exigences de développement sont élevées, l'environnement de développement sera plus efficace et donc l'effort de développement sera moins élevé (productivité accrue).

- Finalement, on peut voir que la valeur finale de E variera d'une valeur minimale de 0.91 (Constante B=0.91+∑SF=0) pour un environnement très performant (effort minimum) à une valeur maximum de 1.226 [0.91+(6.2+5.07+7.07+5.48+7.8)/100] pour un environnement peu performant (effort élevé).

**Tableau 1.5 Les 17 multiplicateurs d'effort (EM) de COCOMO II Post-Architecture**

|  | Niveaux d'exigence | | | | | |
|---|---|---|---|---|---|---|
|  | Très Bas | Bas | Normal | Haut | Très haut | Extra haut |
| **LOGICIEL** | | | | | | |
| 1. Fiabilité | 0.82 | 0.92 | 1.00 | 1.10 | 1.26 | |
| 2. Taille des données | | 0.90 | 1.00 | 1.14 | 1.28 | |
| 3. Complexité | 0.73 | 0.87 | 1.00 | 1.17 | 1.34 | 1.74 |
| 4. Réutilisation | | 0.95 | 1.00 | 1.07 | 1.15 | |
| 5. Documentation | 0.81 | 0.91 | 1.00 | 1.11 | 1.23 | |
| **PLATEFORME** | | | | | | |
| 6. Temps d'exécution | | | 1.00 | 1.11 | 1.29 | 1.63 |
| 7. Stockage | | | 1.00 | 1.05 | 1.17 | 1.46 |
| 8. Volatilité | | 0.87 | 1.00 | 1.15 | 1.30 | |
| **PERSONNEL** | | | | | | |
| 9. Compétence Analystes | 1.42 | 1.19 | 1.00 | 0.85 | 0.71 | |
| 10. Compétence Programmeurs | 1.34 | 1.15 | 1.00 | 0.88 | 0.76 | |
| 11. Stabilité Personnel | 1.29 | 1.12 | 1.00 | 0.90 | 0.81 | |
| 12. Expérience application | 1.22 | 1.10 | 1.00 | 0.88 | 0.81 | |
| 13. Expérience plateforme | 1.19 | 1.09 | 1.00 | 0.91 | 0.85 | |

| | | | | | | |
|---|---|---|---|---|---|---|
| 14. Expérience langages-outils | 1.20 | 1.09 | 1.00 | 0.91 | 0.84 | |
| **PROJET** | | | | | | |
| 15. Utilisation outils | 1.17 | 1.09 | 1.00 | 0.90 | 0.78 | |
| 16. Multi-sites | 1.22 | 1.09 | 1.00 | 0.93 | 0.86 | 0.80 |
| 17. Contrainte durée | 1.43 | 1.14 | 1.00 | 1.00 | 1.00 | |

On remarque que, pour les variables relatives au logiciel et à la plateforme, plus les exigences sont élevées et plus les multiplicateurs sont élevés, donc l'effort de développement sera plus élevé (Productivité plus faible). Par contre, pour les variables relatives au personnel et au projet, plus les exigences sont élevées et plus les multiplicateurs sont faibles, donc l'effort sera moins élevé compte tenu des compétences élevées du personnel et d'une gestion plus efficace du projet.

## II.2. LE MODÈLE WEBMO

Malgré sa popularité due à sa maturité et sa fiabilité, le modèle COCOMO II risque de conduire à des biais d'estimation lorsqu'il est appliqué aux projets Web car il ne tient pas compte vraiment des spécificités de ces projets qui ont été analysées dans le chapitre précèdent. COCOMOII est plutôt recommandé pour les applications traditionnelles en génie logiciel.

Avec le développement rapide des applications Web et leur complexité croissante, il a fallu penser à une version COCOMO adaptée au Web et conçue par Reifer sous le nom de WebMo. Ce nouveau modèle diffère de COCOMO II par l'introduction d'une nouvelle métrique de mesure de la taille appelée Objets Web (Web Objects) et par une re-calibration des paramètres de COCOMO II.

### A. La métrique de la taille en Objets Web

Cette nouvelle métrique de mesure de la taille des projets Web est justifiée par le fait que les métriques traditionnelles de mesure de la taille en points de fonction ou en lignes de code ne sont pas adéquates pour l'environnement du Web. En effet, les applications Web ne sont pas constituées uniquement de fonctionnalités (points de fonction), elles contiennent en plus des images, des liens, des vidéos et des fichiers XML.

De ce fait les objets Web vont devenir une extension des points de fonction en incluant les 5 composantes suivantes :

1. **Nombre de points de fonction** : Métrique traditionnelle de prédiction de la taille d'une application 'non-Web' en se basant sur le nombre d'entrées, de sorties, de fichiers, requêtes et interfaces.

2. **Nombre de liens hypertexte** : Effort requis pour lier les applications, les intégrer dynamiquement et les lier à la base de données et/ou d'autres applications de manière continue.

3. **Nombre de fichiers multimédias** : Effort requis pour insérer de l'audio, de la vidéo et des images dans l'application.

4. **Nombre de scripts** : Effort requis pour lier des données Html/Xml avec des applications et des fichiers et aussi pour générer des rapports.

5. **Nombre de composantes** Web : Effort requis pour développer des librairies de code à granularité fine et le code nécessaire pour les appeler.

Le schéma suivant présente l'aspect dynamique qui relie ces composantes :

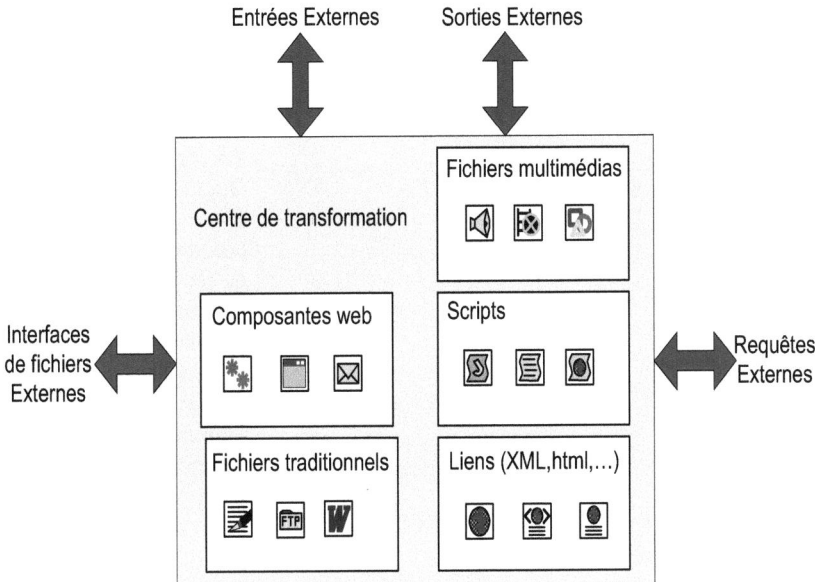

Figure 2.3    Relations entre les composantes de WebMo [Reifer2002]

Pour le comptage de ces objets Web, Reifer a développé des conventions de calcul [Reifer 2001], Ces règles de calcul sont basées sur les concepts d'opérandes (ce que l'objet fait) et d'opérateurs (ce que nous faisons avec l'objet). L'appendice A présente cette convention de calcul.

Le tableau suivant est un exemple de calcul des objets Web.

**Tableau 1.6 Exemple de comptage des objets Web [Reifer2002]**

| Composantes des objets web | Complexité | | | Commentaires |
|---|---|---|---|---|
| | Basse | Moyenne | Haute | |
| Fichiers logiques internes (FLI) | | 2X10 | 1X15 | 2 FLI de complexité 10, 1FLI complexité 15, 2FLE de complexité 7, 4 EE de complexité 4, 6 EE de complexité 6 et SE de complexité 5 |
| | | 2X7 | | |
| Fichiers logiques externes (FLE) | | 4X4 | 6X6 | |
| | | 3X5 | | |
| Entrées externes(EE) | | | | |
| Sorties externes(SE) | | | | |

| Requêtes externes(RE) | | | | |
|---|---|---|---|---|
| # fichiers multimédias | 1X4<br><br>3X4 | 13X5 | 1X7 | Opérandes : 1 fichier audio, 13 fichiers multimédia, 1 fichier d'aide<br>Opérateurs : Ouvrir, Fermer, sauvegarder |
| # Composantes Web | <br><br>3X3 | 10X4 | 5X6 | Opérandes : 15 composantes d'une bibliothèque (9 boutons, 1 panier et 5 icônes de sécurité serveurs)<br>Opérateurs : Chercher, ajouter (mémoire), insérer (Persistance). |
| # Scripts | 3X2 | 1X3 | | Opérandes : scripts d'animation<br>Opérateurs : Ouvrir, Aller (en avant), Fermer. |
| # Liens (Xml, Html et lignes de langages de requêtes) | | 16X4 | | 16 lignes html. |
| Total | 31 | 237 | 88 | |

Cet exemple montre que la taille de cette application est de 356 objets Web [31+237+88]. En Java Web, cette taille équivaudrait à 11392 lignes de code à développer (356 * 32) selon la table suivante de conversion de Reifer (Table LEF : Language Expansion Factors).

**Tableau 1.7 Table de conversion des objets Web en lignes de code**

| Langage | LEF | Langage | LEF |
|---|---|---|---|
| 1GL par défaut | 320 | OO par défaut | 29 |
| C | 128 | EIFFEL | 20 |
| 2GL par défaut | 107 | PERL | 22 |
| COBOL (ANSI85) | 91 | Smalltalk | 20 |
| FORTRAN 107 | 107 | Web par défaut – Langages OO | 25 |
| PASCAL | 91 | 4GL par défaut | 20 |
| 3GL par défaut | 80 | Crystal Reports | 20 |
| C++ | 53 | Générateur de programme par défaut | 16 |
| Java for web | 32 | HTML | 15 |
| LISP | 64 | SQL for web | 10 |
| ORACLE | 38 | Feuilles de calcul par défaut | 6 |
| Visual Basic | 40 | Excel | 6 |
| Visual C++ | 34 | Screen Painter | 6 |
| Web par défaut – Langages visuelles | 35 | 5GL par défaut | 5 |
|  |  | XML | 6 |
|  |  | MATHCAD | 5 |

## B. Structure du modèle WebMo

Ce modèle est le résultat d'une recalibration des paramètres de COCOMO II au moyen de 64 projets Web, ce qui se traduit par les modifications suivantes :

Le nombre de multiplicateurs d'effort (EM) est passé de 17 à 9. Les 9 multiplicateurs correspondent aux 7 multiplicateurs de la version Early design (version abrégée) de COCOMO II à laquelle Reifer a ajouté 2 variables TEAM et PEFF qui figuraient comme facteurs d'échelle dans COCOMO II.

- La valeur des 9 multiplicateurs d'effort retenus dans WebMo a été modifiée par rapport à leur valeur dans COCOMO II comme le montre le tableau suivant :

**Tableau 1.8 Valeurs des multiplicateurs d'effort dans COCOMO II et WebMo**

| Variables | Symbole | Niveaux d'exigence ||||||| 
|---|---|---|---|---|---|---|---|---|
| | | XB | TB | B | N | H | TH | XH |
| PERS(COCOII) | EM1 | 2.12 | 1.62 | 1.26 | 1.00 | 0.83 | 0.63 | 0.50 |
| PERS(WebMo) | EM1 | | 1.55 | 1.35 | 1.00 | 0.75 | 0.58 | |
| RCPX(COCOII) | EM2 | 0.49 | 0.60 | 0.83 | 1.00 | 1.33 | 1.91 | 2.72 |
| CPLX(WebMo) | EM2 | | 0.63 | 0.85 | 1.00 | 1.30 | 1.67 | |
| PDIF(COCOII) | EM3 | | | 0.87 | 1.00 | 1.29 | 1.81 | 2.61 |
| PDIF(WebMo) | EM3 | | 0.75 | 0.87 | 1.00 | 1.21 | 1.41 | |
| PREX(COCOII) | EM4 | 1.59 | 1.33 | 1.12 | 1.00 | 0.87 | 0.74 | 0.62 |
| PREX(WebMo) | EM4 | | 1.35 | 1.19 | 1.00 | 0.87 | 0.71 | |
| FCIL(COCOII) | EM5 | 1.43 | 1.30 | 1.10 | 1.00 | 0.87 | 0.73 | 0.62 |
| FCIL(WebMo) | EM5 | | 1.35 | 1.13 | 1.00 | 0.85 | 0.68 | |
| RUSE(COCOII) | EM6 | | | 0.95 | 1.00 | 1.07 | 1.15 | 1.24 |
| RUSE(WebMo) | EM6 | | | | 1.00 | 1.25 | 1.48 | |
| SCED(COCOII) | EM7 | | 1.43 | 1.14 | 1.00 | 1.00 | 1.00 | |
| SCED(WebMo) | EM7 | | 1.35 | 1.15 | 1.00 | 1.05 | 1.10 | |
| TEAM(WebMo) | EM8 | | 1.45 | 1.31 | 1.00 | 0.75 | 0.62 | |
| PEFF(WebMo) | EM9 | | 1.35 | 1.20 | 1.00 | 0.85 | 0.65 | |

- Les niveaux d'exigence dans WebMo ont été réduits à 5 (de très bas à très haut) alors que dans COCOMO II il y a 7 niveaux d'exigence (d'Extra Bas à Extra haut) comme le montre le tableau précédent.
- Les 5 facteurs d'échelle (SF) de COCOMO II disparaissent dans WebMo.
- Pour Valider WebMo avec COCOMO II, Reifer a conçu la table de conversion LEF, présentée précédemment, et qui convertit les objets Web en lignes de code (SLOC).
- L'équation de base de WebMo pour l'effort est alors la suivante :

$$\text{Effort} = A * (\text{Taille})^{P1} * \prod_{i=1}^{9} EM_i$$

- La constante A et l'exposant d'échelle P1 varient selon le domaine d'application, comme suit :

**Tableau 1.9 Valeurs des paramètres de WebMo**

| Domaine d'application | A | P1 |
|---|---|---|
| Commerce électronique | 2.3 | 1.03 |
| Applications commerciales et financières | 2.7 | 1.05 |
| Applications Business-to-Business | 2.0 | 1.00 |
| Portails Web | 2.1 | 1.00 |
| Utilitaires d'information Web | 2.1 | 1.00 |

Finalement, l'ensemble de ce processus de calibration a conduit aux résultats suivants:

• Reifer constate un gain de fiabilité de 30 % dans au moins 60 % des cas en utilisant 32 projets Web. La fiabilité étant définie comme la réduction de l'écart entre données réelles et valeurs estimées par le modèle.

• Il note une amélioration de la fiabilité de 20 % dans au moins 68 % des cas en utilisant 64 projets Web.

• On peut cependant regretter que Reifer n'ait pas fourni de détails sur la façon dont ces gains de fiabilité ont été obtenus, notamment pour le processus de calcul des objets Web. Ce manque de détails a cependant été comblé dans l'étude de [Ruhe2003a] qui a démontré que les objets Web étaient plus adaptés que les points de fonction dans l'estimation de la taille des projets Web.

Dans ce cadre de ce travail nous avons aussi découvert deux autres modèles adaptés au Web à savoir le modèle Web-Cobra et CWADEE. Ces deux modèles sont présentés à l'appendice C. Malheureusement, ces modèles présentent des insuffisances majeurs ce qui les rend peu crédibles et donc moins pertinents pour notre travail.

En effet, Web-Cobra est une adaptation de Cobra qui est un modèle causal basé sur le jugement des experts plutôt que sur un modèle mathématique robuste. Le modèle CWADEE est un modèle algorithmique mais non robuste destiné à des entreprises de niveau 1 du CMMI dont l'immaturité est la caractéristique principale. En plus, le but derrière l'utilisation de CWADEE n'est pas de donner des estimations fiables mais plutôt de fournir des estimations en moins de 72 heures et avec un nombre minimum de projets similaires.

# CHAPITRE II

# APPLICATION ET ANALYSE DE FIABILITÉ DE COCOMO II ET WEBMO

Dans ce chapitre nous allons appliquer les deux modèles WebMo et COCOMO II à cinq projets Web sélectionnés à partir de la banque de projets ISBSG. Ce travail empirique peut être schématisé de la façon suivante :

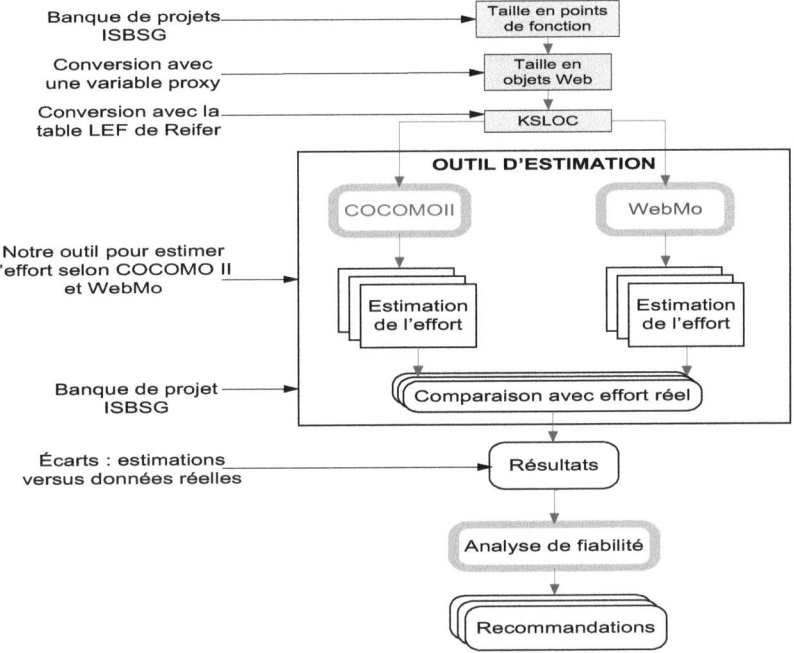

**Figure 3.4   Processus d'estimation des projets sélectionnés**

Le processus d'analyse se déroulera selon les cinq étapes suivantes :

- Dans un premier temps on présentera le processus de sélection des projets retenus dans cette analyse, notamment les **critères** de choix de ces projets, les **variables** pertinentes et les **données** statistiques.

- Dans un deuxième temps, on présentera **l'outil** d'estimation de l'effort de développement selon COCOMO II et WEBMO et on appliquera ces deux modèles aux cinq projets sélectionnés.

- En troisième étape, on présentera les **résultats** de la comparaison entre données estimées et données réelles.

- La quatrième étape sera consacrée à une **analyse de la fiabilité** des deux modèles.

- Enfin à la cinquième étape, nous allons conclure par des **recommandations** pour une amélioration de la fiabilité de WebMo.

## I. PROCESSUS DE SELECTION DES PROJETS

Les projets sélectionnés pour notre étude proviennent tous de la banque de données ISBSG.Ces projets ont été sélectionnés selon les quatre critères suivants :

### I.1. CRITERES DE SELECTION

- **Premier critère** : L'identification des projets en tant que projets de développement Web. La banque de projets ISBSG contient 3024 projets informatiques dont 290 sont qualifiés de développement Web.

- **Deuxième critère** : La taille des projets est estimée selon la méthode bien connue des points de fonction (IFPUG). Dans la banque ISBSG, 272 projets Web utilisent cette méthode(voir Appendice B).

- **Troisième critère** : Fiabilité du processus de calcul des points de fonction. Dans la banque ISBSG, la fiabilité du calcul de la taille des projets correspond aux quatre catégories suivantes :

| A | Les points de fonction calculés sont considérés comme valables et les résultats détaillés par composante sont fournis. |
|---|---|
| B | L'intégrité des points de fonction est problématique car les résultats détaillés par composante ne sont pas fournis. |

| C | Due à un manque de données relatif au processus de calcul de la taille, le nombre de points de fonction obtenu est peu crédible. |
|---|---|
| D | Les points de fonction obtenus ne sont pas crédibles à cause de plusieurs éléments manquants et ambigus. |

Dans la banque ISBSG, 189 projets parmi les 272 projets IFPUG sont de catégorie A pour la qualité du calcul de la taille en points de fonction (PF).

•**Quatrième critère** : La fiabilité de données collectées sur les projets. Cette fiabilité est classée dans la banque ISBSG selon les quatre catégories suivantes.

| A | Les données soumises sont considérées comme intègres. |
|---|---|
| B | Les données sont en général fiables, mais quelques éléments peuvent affecter partiellement leur intégrité. |
| C | Des éléments sont manquants de sorte que l'intégrité des données ne peut être assurée. |
| D | Les données sont peu crédibles à cause de plusieurs facteurs ambigus et combinés. |

Dans la banque ISBSG seulement 12 projets ont la catégorie A pour la qualité des données sur les 189 ayant la catégorie A pour la qualité du calcul de la taille.

Schématiquement, le processus de sélection des projets peut être retenu comme suit :

La base de données ISBSG contient 3024 projets informatiques dont :

- 290 sur 3024 projets qualifiés comme développement Web.
- 272 sur 290 utilisant la méthode IFPUG.
- 189 sur 272 ayant la note A pour la qualité du calcul de la taille.
- 12 sur 189 ayant la note A pour la qualité des données.

Parmi ces 12 projets, on a choisi 5 projets qui ont le plus de données disponibles et de variables pertinentes pour notre travail comme le montre la figure suivante.

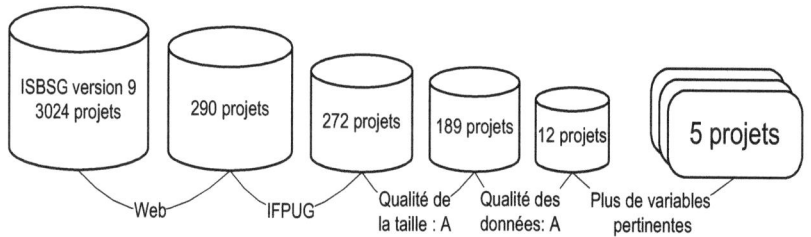

**Figure 3.3 Processus de sélection des projets**

**Tableau 2.10    Variables pertinentes pour l'estimation dans la base ISBSG.**

| Variables | Champs dans la base ISBSG |
|---|---|
| Taille fonctionnelle en PF. | Functional Size ou Adjusted Function Points |
| Effort réel et durée réelle. | Summary Work Effort et Project Elapsed Time |
| Domaine d'application. | Application Type |
| Premier langage de programmation et de sa génération. | $1^{st}$ programming language et/ou $2^{nd}$ programming Language et/ou development tools, Language Type |
| Nombre de ressources humaines impliquées. | Average Team Size ou Max Team Size |
| Application de méthodologies et utilisation d'outils CASE. | Methodology used et CASE tool used (Yes or No) |
| Tout autre variable Proxy permettant d'avoir une idée sur la complexité du projet, son cycle de vie, son architecture, son déploiement, etc. | $1^{st}$ Data Base System et $2^{nd}$ Data Base System, $1^{st}$ Operating System et $2^{nd}$ Operating System, $1^{st}$ Component Server. Development Platform, Client/server description, Architecture, User Base - Concurrent Users, User Base - Business Units |

Finalement, les cinq projets retenus selon les quatre critères de sélection sont les suivants :

Tableau 2.11 Identification des projets sélectionnés dans la banque ISBSG

| Projet 1 | Projet 2 | Projet 3 | Projet 4 | Projet 5 |
|---|---|---|---|---|
| No : 24200 | No : 25287 | No : 29291 | No : 29554 | No : 18030 |
| Services communautaires | Communication | Communication | Gouvernement | Services communautaires |
| Web-Based information utilities | Information utilities | information utilities | Financial/ trading | Business To Business application (B2B) |
| Système d'information géographique et spatiale; Analyse et gestion des rapports en ligne. | Système d'information de gestion. | Système d'information de gestion. | Gestion de client Gestion financière et comptabilité ;Gestion commerciale; EDI (Electronic data Interchange). | EDI (Electronic Data Interchange). |

## I.2. PRÉSENTATION DES DONNÉES DE BASE

Ces données de base ont été extraites ou déduites de la banque ISBSG de la façon suivante :

| Donnée de base | Description |
|---|---|
| Domaine d'application | Utilisé seulement pour WebMo : En effet, les constantes A et P1 dépendent entièrement du domaine d'application. |
| Taille en points de fonction (PF) | Déduite directement à partir du champ Functional Size. |
| Taille en objets Web (WO) | 1 WO correspond approximativement à 2 PF. C'est une variable Proxy déduite de [Ruhe2003b]. |
| Langage | Déduit directement à partir des champs relatifs aux langages |

| | |
|---|---|
| | utilisés. Ensuite, la valeur de conversion en SLOC est déduite de la table LEF de Reifer. |
| Taille en SLOC | Valeur calculée (taille en WO * SLOC(LEF)) |
| Effort Réel | Valeur donnée en Personne-Heure, convertie en Personne-Mois (PM) selon les standards de [Bohem2000]. |
| Personnel réel | Directement à partir du champAverageresource |

**Tableau 2.12 Données sur les projets sélectionnés**

| Projets | Projet 1 (24200) | Projet 2 (25287) | Projet 3 (29291) | Projet 4 (29554) | Projet 5 (18030) |
|---|---|---|---|---|---|
| Domaine d'application | WebBased information utilities | Information utilities | Information utilities | Financial /Trading | B2B application |
| Taille en PF | 354 | 128 | 419 | 492 | 196 |
| Taille en WO | 708 | 256 | 838 | 984 | 392 |
| Langage | C# 3Génération =35 | VisualBasic 4GLdefault =20 | SQL 4GL default =20 | VBScript 4GL default =20 | ASP 4GL default =20 |
| Taille en KSLOC (milliers) | 24.8 | 5.1 | 16.7 | 19.6 | 7.8 |
| Effort (PM) réel | 38.4 | 7.8 | 21 | 27.3 | 18.4 |
| Personnel réel | 10 | 7 | 9 | 8 | 6 |

Pour chaque projet sélectionné, nous avons procédé à l'application du modèle en s'appuyant sur les données récoltées et la documentation des deux modèles. Les principaux documents étaient le livre COCOMO II 2000 de Barry Bohem [Bohem2000] et les articles de Donald Reifer [Reifer2000] et [Reifer2002]. Voici donc l'application des deux modèles sur les 5 projets.

## II. PROCESSUS D'ESTIMATION DES PROJETS.

Ce processus correspond à l'application des modèles COCOMO II et WebMo aux cinq projets sélectionnés.

### II.1. PRÉSENTATION DE L'OUTIL D'ESTIMATION.

Pour rendre cette application plus conviviale et plus précise, un outil automatisé de calcul a été développé. Cet outil contient des feuilles Excel permettant, d'une part, des estimations de l'effort (PM pour Person Month) et, d'autre part, des comparaisons entre les estimations et les données réelles.

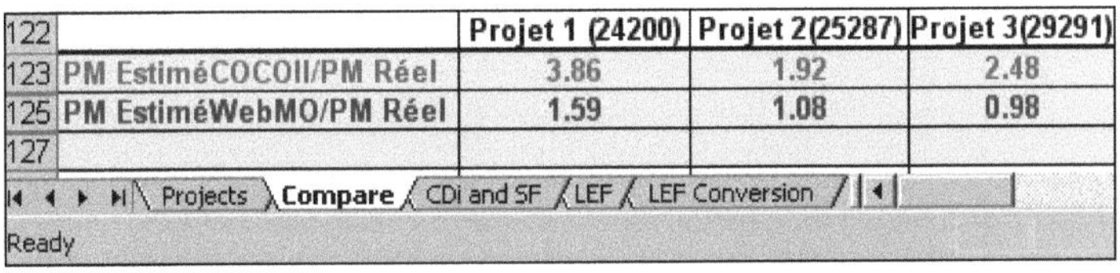

| 122 | | Projet 1 (24200) | Projet 2 (25287) | Projet 3 (29291) |
|---|---|---|---|---|
| 123 | PM EstiméCOCOII/PM Réel | 3.86 | 1.92 | 2.48 |
| 125 | PM EstiméWebMO/PM Réel | 1.59 | 1.08 | 0.98 |
| 127 | | | | |

Projects / Compare / CDi and SF / LEF / LEF Conversion

**Figure 2.5 Aperçu des résultats de l'outil d'estimation**

Au bas de chaque feuille Excel apparaissent 4 onglets qui contiennent les informations suivantes :

1. Onglet **'Projects'** : Projets sélectionnés.

Dans cet onglet se trouvent toutes les données relatives aux projets sélectionnés (ex : taille en PF, domaine d'application, langages utilisés, etc..). Il y figurent les données récoltées de la base de données et les données déduites à partir des variables Proxy (taille en WO) ou à partir de calculs intermédiaires (effort réel en Personne-Mois au lieu de Personne-Heure). Voici un aperçu de cet onglet :

| 3 | | Projet 1 | Projet 2 | Projet 3 |
|---|---|---|---|---|
| 4 | Code du projet dans la base ISBSG | 24200 | 25287 | 29291 |
| 5 | Nature du projet | WEB | WEB | WEB |
| 6 | Qualité des données | A | A | A |
| 7 | Qualité du comptage de la taille | A, calcul supporté par un outil | A, calcul supporté par un outil | A, calcul supporté par un outil |
| 8 | Méthode de calcul de la taille | IFPUG | IFPUG | IFPUG |
| 9 | Etapes du cycle de développement couvertes | | Specification;Build;Test | Specification;Build;Test |
| 10 | Taille fonctionnelle non ajustée(UFP) | 354 | 128 | 419 |
| 11 | Valeur d'ajustement | 1 | 1.03 | 1.12 |
| 12 | **Taille fonctionnelle ajustée(AFP)** | 354 | 132 | 469 |
| 13 | Composantes de la taille fonctionnelle | | | |
| 14 | External Inputs | 48 | 56 | 71 |
| 15 | External Outputs | 34 | 0 | 170 |
| 16 | External Enquiry | 174 | 27 | 15 |
| 17 | Internal Logical Files | 73 | 38 | 67 |
| 18 | External Interface | 25 | 7 | 96 |

**Figure 2.6    Aperçu de l'onglet 'Projects'**

2. Onglet **'Compare'** : Outil de comparaison.

En premier lieu, on introduit les données de base nécessaires à l'estimation (taille en PF, langage utilisé, effort réel et domaine d'application) pour les deux modèles. L'outil permet à l'estimateur de sélectionner les valeurs des variables explicatives de l'effort et les exposants d'échelle dans les équations de base de l'effort (voir chapitre II). L'outil calcule automatiquement l'effort de développement estimé pour chaque modèle. Puis il présente les écarts entre données estimées et données réelles pour chaque modèle, et enfin il génère des graphiques de ces écarts.

| COCOMO II | Projet 1 (24200) | Projet 2 (25287) | Projet 3 (29291) |
|---|---|---|---|
| A | 2.94 | 2.94 | 2.94 |
| B | 0.91 | 0.91 | 0.91 |
| SF1/PREC | 3.72 | 1.24 | 1.24 |
| SF2/FLEX | 2.03 | 3.04 | 3.04 |
| SF3/RESL | 2.83 | 4.24 | 4.24 |
| SF4/TEAM | 3.29 | 3.29 | 2.19 |
| SF5/PMAT | 4.68 | 4.68 | 4.68 |
| EM1/PERS | 1 | 1 | 1 |
| EM2/RCPX | 1.33 | 0.83 | 0.83 |
| EM3/PDIF | 1.29 | 1 | 1 |
| EM4/PREX | 1 | 1 | 1 |
| EM5/FCIL | 0.87 | 1 | 1 |
| EM6/RUSE | 1.07 | 1.07 | 1.07 |
| EM7/SCED | 1 | 1 | 1 |
| WebMo | Projet 1 (24200) | Projet 2 (25287) | Projet 3 (29291) |
| A | 2.1 | 2.1 | 2.1 |
| P1 | 1 | 1 | 1 |
| EM1/CPLX | 1.3 | 0.85 | 0.85 |
| EM2/PDIF | 1 | 0.87 | 0.87 |
| EM3/PERS | 1 | 1 | 1 |
| EM4/PREX | 1 | 1 | 1 |
| EM5/FCIL | 0.85 | 0.85 | 0.85 |
| EM6/SCED | 1 | 1 | 1 |
| EM7/RUSE | 1.25 | 1.25 | 1.25 |
| EM8/TEAM | 1 | 1 | 0.75 |
| EM9/PEFF | 0.85 | 1 | 1 |

**Figure 2.7   Aperçu de l'onglet 'Compare'**

3. Onglet **'CDi& SF'** : paramètres des modèles.

Dans cet onglet se trouvent les valeurs des 7 variables explicatives de l'effort (CDi) et des 5 facteurs d'échelle (SF) de COCOMO II ainsi que les valeurs des 9 variables explicatives de l'effort dans WebMo, telles que décrites dans le chapitre II de notre travail.

| Facteurs d'échelle | TB | B | N |
|---|---|---|---|
| PREC | 6.2 | 4.96 | 3.72 |
| FLEX | 5.07 | 4.05 | 3.04 |
| RESL | 7.07 | 5.65 | 4.24 |
| TEAM | 5.48 | 4.38 | 3.29 |
| PMAT | 7.8 | 6.24 | 4.68 |
| **Variables explicatives** | | | |
| Cocomoll | Symbole | XB | TB |
| PERS | EM1 | 2.12 | 1.62 |
| RCPX | EM2 | 0.49 | 0.6 |
| PDIF | EM3 | | |
| PREX | EM4 | 1.59 | 1.33 |
| FCIL | EM5 | 1.43 | 1.3 |
| RUSE | EM6 | | |
| SCED | EM7 | | 1.43 |

▶ ▶|\ Projects / Compare \ **CDi and SF** / LEF / Sheet1 / LEF Conversion /

**Figure 2.8   Aperçu de l'onglet 'Cdi and SF' pour trois niveaux d'exigence**

4. Onglet '**LEF**' : Tables de conversion selon les langages.

Dans cet onglet se trouvent les données sur la table de conversion des points de fonction non ajustés (UFP) en lignes de code (SLOC) selon le langage utilisé. Cette table sert à assister l'utilisateur de l'outil dans le choix de la valeur de conversion correspondante au langage de programmation utilisé dans unprojet.

| Language | | LEF | Language | Default SLOC / UFP |
|---|---:|---:|---|---:|
| 1GL default | | 320 | | |
| C | | 128 | Access | 38 |
| 2GL default | | 107 | Ada 83 | 71 |
| COBOL (ANSI85) | | 91 | Ada 95 | 49 |
| FORTRAN 107 | | 107 | AI Shell | 49 |
| PASCAL | | 91 | APL | 32 |
| 3GL default | | 80 | Assembly - Basic | 320 |
| C++ | | 53 | Assembly - Macro | 213 |
| Java for web | | 32 | Basic - ANSI | 64 |
| LISP | | 64 | Basic - Compiled | 91 |
| ORACLE | | 38 | Basic - Visual | 32 |
| Visual Basic | | 40 | C | 128 |
| Visual C++ | | 34 | C++ | 55 |

**Figure 2.9 Aperçu de l'onglet 'LEF'**

## II.2. RESULTATS ET ANALYSE DE LEUR FIABILITÉ

**RESULTAT AVEC COCOMO II**

En appliquant, les équations de base de ce modèle (voir chapitre II), on obtient les valeurs de la constante (A), l'exposant (B) de l'effort, les valeurs des 5 exposants d'échelle (SF1 à SF5), les valeurs des 7 multiplicateurs d'effort (EM1 à EM7), et enfin la valeur de l'effort estimé (PM) dans le tableau suivant :

**Tableau 2.13    Estimation de l'effort de développement avec COCOMO II**

| COCOMO II | Projet 1 (24200) | Projet 2 (25287) | Projet 3 (29291) | Projet 4 (29554) | Projet 5 (18030) |
|---|---|---|---|---|---|
| *A* | *2.94* | *2.94* | *2.94* | *2.94* | *2.94* |
| *B* | *0.91* | *0.91* | *0.91* | *0.91* | *0.91* |
| SF1/PREC | 3.72 | 1.24 | 1.24 | 1.24 | 1.24 |
| SF2/FLEX | 2.03 | 3.04 | 3.04 | 4.05 | 2.03 |
| SF3/RESL | 2.83 | 4.24 | 4.24 | 4.24 | 5.65 |
| SF4/TEAM | 3.29 | 3.29 | 2.19 | 2.19 | 3.29 |
| SF5/PMAT | 4.68 | 4.68 | 4.68 | 3.12 | 4.68 |
| EM1/PERS | 1 | 1 | 1 | 1 | 1 |
| EM2/RCPX | 1.33 | 0.83 | 0.83 | 1 | 1.33 |
| EM3/PDIF | 1.29 | 1 | 1 | 1 | 1 |
| EM4/PREX | 1 | 1 | 1 | 0.87 | 1 |
| EM5/FCIL | 0.87 | 1 | 1 | 0.87 | 1 |
| EM6/RUSE | 1.07 | 1.07 | 1.07 | 1.07 | 1.07 |
| EM7/SCED | 1 | 1 | 1 | 1 | 1 |
| **PM=A\*Taille$^E$\*(Π EM)** | **148.39** | **15.04** | **52.19** | **55.52** | **38.37** |

**RESULTAT AVEC WEBMO.**

En appliquant, les équations de base de ce modèle (voir chapitre II), on obtient les valeurs de la constante (A) de l'effort, l'exposant (P1) de la taille, les valeurs des 9 multiplicateurs d'effort (EM1 à EM9) et enfin la valeur de l'effort estimé (PM) dans le tableau suivant :

**Tableau 2.14    Estimation de l'effort avec WebMo**

| WebMo | Projet 1 (24200) | Projet 2 (25287) | Projet 3 (29291) | Projet 4 (29554) | Projet 5 (18030) |
|---|---|---|---|---|---|
| *A* | *2.1* | *2.1* | *2.1* | *2.7* | *2* |
| *P1* | *1* | *1* | *1* | *1.05* | *1* |
| EM1/CPLX | 1.3 | 0.85 | 0.85 | 1 | 1.3 |
| EM2/PDIF | 1 | 0.87 | 0.87 | 1 | 1 |
| EM3/PERS | 1 | 1 | 1 | 1 | 1 |
| EM4/PREX | 1 | 1 | 1 | 0.87 | 1 |

| | | | | | |
|---|---|---|---|---|---|
| EM5/FCIL | 0.85 | 0.85 | 0.85 | 0.85 | 1 |
| EM6/SCED | 1 | 1 | 1 | 1 | 1 |
| EM7/RUSE | 1.25 | 1.25 | 1.25 | 1.25 | 1.25 |
| EM8/TEAM | 1 | 1 | 0.75 | 0.75 | 1 |
| EM9/PEFF | 0.85 | 1 | 1 | 0.85 | 0.85 |
| **PM=A\*Π EM\*(Taille)$^{P1}$** | **61.14** | **8.41** | **20.66** | **36.18** | **21.54** |

## ANALYSE DE FIABILITÉ DES RESULTATS

Une façon courante d'analyser la fiabilité des estimations de ces deux modèles est d'établir le ratio entre la valeur estimée par ces modèles et la valeur réelle de l'effort. Lorsque le ratio est supérieur à 1, il y a surestimation du modèle et lorsque la valeur est inférieure à 1 il y a sous-estimation du modèle. Donc, lorsque la valeur estimée s'éloigne de 1 (surestimation ou sous-estimation), le modèle est moins fiable comme le montre le tableau suivant :

Tableau 2.15    Écarts entre estimations et données réelles pour COCOMO II et WEBMO

| Écarts | Projet 1 (24200) | Projet 2 (25287) | Projet 3 (29291) | Projet 4 (29554) | Projet 5 (18030) |
|---|---|---|---|---|---|
| PM COCOII/ PM Réel | 3.86 | 1.92 | 2.48 | 2.03 | 2.08 |
| PM WebMO/ PM Réel | 1.59 | 1.08 | 0.98 | 1.32 | 1.17 |

Tableau 2.16 Erreur Relative Moyenne (ERM) dans l'estimation des projets

| ERM | Projet 1 (24200) | Projet 2 (25287) | Projet 3 (29291) | Projet 4 (29554) | Projet 5 (18030) |
|---|---|---|---|---|---|
| ERM Effort (COCOMOII) | 286.43% | 92.82% | 148.57% | 103.36% | 108.53% |
| ERM Effort (WebMo) | 59.21% | 7.82% | 1.62% | 32.52% | 17.12% |

Note : L'ERM correspond au ratio suivant : (valeur estimée-valeur réelle)/valeur réelle.

Cette métrique de fiabilité (ERM) est équivalente à la précédente (ratio des estimations sur les valeurs réelles) à la seule différence que la métrique ERM donne des valeurs en % alors que la métrique précédente donne des valeurs autour de 1 (valeur de référence).

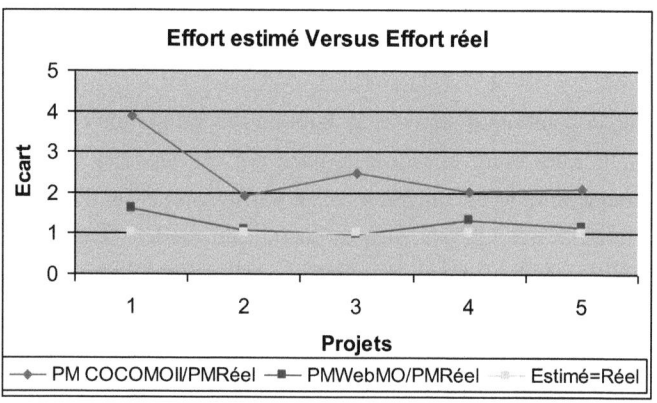

**Figure 2.10 Estimation de l'effort**

Les résultats statistiques de l'analyse comparative de la fiabilité et leur représentation graphique montrent que l'estimation de l'effort avec WebMo est plus proche de l'effort réel que l'estimation de COCOMO II pour tous les projets sélectionnés.C'est un **résultat majeur** de notre travail dont l'hypothèse centrale consistait à vérifierqu'un modèle conceptuellement et analytiquement plus adapté au Web, comme WebMo, devrait offrir des estimations de l'effort de développement plus fiables que celles d'un modèle plus générique comme COCOMO II. Nos résultats viennent donc confirmer ceux des spécialistes de l'estimation du Web comme Reifer et Ruhe.

Malgré cet avantage relatif de WebMo pour l'estimation de l'effort de développement, les écarts entre ses estimations et les données réelles peuvent être expliqués par les arguments suivants :

a. Limites des deux modèles : Le modèle WebMo est encore un modèle récent en cours de développement donc encore immature et COCOMOII ne semble pas adéquat pour les projets Web car il ne tient pas compte de leurs spécificités. Il en résulte finalement que les résultats fournis par ces deux modèles ne sont pas toujours rigoureux.

b. Dans la banque ISBSG, nous avons essayé de choisir les projets contenant le plus d'information statistique. Cependant, lorsque les données manquaient sur certains multiplicateurs d'effort ou facteurs d'échelle on a dû se contenter de leur valeur nominale=1 comme cela est de pratique courante dans de telles situations, ce qui rend l'estimation là encore moins rigoureuse.

c. Le choix de la variable Proxy pour la taille (1WO=2PF) plutôt qu'un comptage direct qui est plus rigoureux. En effet, MélanieRuhe a mentionné que les projets Web ont le plus souvent une taille en objets Web qui est le double des points de fonction [Ruhe2003b]. Cette équivalence a été retenue dans notre travail étant donné que dans la base de données ISBSG les seules données existantes concernant la taille étaient la taille en points de fonction et la méthode de calcul (IFPUG) mais aucune information sur les objets web n'était disponible. Nous avons aussi contacté par e-mail à ce sujet, Donald Reifer, spécialiste de l'estimation du Web qui nous a confirmé qu'en l'absence de données réelles une approximation avec des données sur des projets similaires serait acceptable, ce qui dans notre cas correspond aux 12 projets utilisés dans l'étude [Ruhe2003b] de Mélanie Ruhe et Ross Jeffrey.

> *...When comparing the number of Function Points and Web Object project by project, the size difference between the two measures is up to 55%, i.e. the number of Web Object is twice as high as the number of Function Points.'* [Ruhe2003b]

Cependant, il est important de noter que l'utilisation de cette variable Proxy n'est qu'une approximation et ne remplace en aucun cas un bon calcul manuel des objets Web selon la convention présentée par Reifer[Reifer2001]. Au stade de la planification initiale d'un projet cette approximation est acceptable mais dans le cas d'une estimation plus précise, c'est-à-dire lors de l'utilisation d'un modèle plus avancé dans le cycle de développement, tel qu'un modèle post-architecturale, un calcul plus rigoureux des objets Web s'impose.

d. Le nombre limité de langage Web dans la table de conversion des WO en SLOC :

On constate que la table de conversion élaborée par Reifer est limitée quant au nombre des langages de programmation Web. En effet, on ne retrouve que quelques-uns de ces langages, les autres langages sont soit des langages de première ou deuxième génération soit des langages non Web. Face à ce problème, nous avons du utiliser la valeur par défaut pour les langages Web à savoir : 1WO=20 SLOC telle que recommandée dans la table de conversion de Reifer (LEF).

e. La difficulté de se référer à un seul langage principal de programmation dans la table de conversion alors que les projets Web utilisent souvent plusieurs langages de programmation au cours de leur cycle de développement.

f. Le caractère prévisionnel des modèles WebMo et COCOMO II pré-architecture les destine davantage à fournir des ordres de grandeur plutôt que des estimations précises pour les premières étapes du cycle de vie qui sont antérieures au développement (Étude de faisabilité et planification).

# CONCLUSION

WebMo est actuellement la tentative la plus structurée et la plus complète dans le domaine de l'estimation de l'effort de développement des projets Web. Cependant, ce modèle récent est appelé à des améliorations au niveau de sa conception analytique (forme du modèle, mesure de la taille en objets Web, calibration des multiplicateurs d'effort et des exposants d'échelle). La conception de ce modèle et le calcul de ses objets Web sont actuellement sous l'égide de la compagnie de consulting de Reifer (www.reifer.com) et il y a peu de travaux majeurs qui ont été dédiés à WebMo et aux objets web à l'exception de ceux de Mélanie Ruhe[Ruhe2003a] et [Ruhe2003b]. Notre travail semble intéressant à un double point de vue : d'une part, il confirme les résultats de l'étude de Mélanie Ruhe qui conclut à une efficacité supérieure des objets Web par rapport aux points de fonction comme mesure de la taille des projets Web et, d'autre part, notre travail montre que le modèle WebMo de Reifer reste une bonne alternative dans l'estimation des projets Web malgré des données incomplètes et l'utilisation de variables proxy. En effet, notre analyse de fiabilité a montré que ce modèle conçu pour le Web offrait des résultats plus fiables qu'un modèle plus mature mais non adapté au Web comme COCOMO II.

En conclusion, nous suggérons deux recommandations majeures pour l'amélioration du processus d'estimation des projets Web avec WebMo. Ces recommandations devraient améliorer davantage le travail de calibration du modèle et étendre la portée de son utilisation.

1. Tenir compte de la diversité des langages Web.

La métrique objet Web est une innovation conceptuelle majeure dans l'estimation de la taille des projets Web. Cependant, nous avons remarqué dans la littérature scientifique que les projets Web utilisent souvent plusieurs langages de programmation de différentes natures (un langage pour la partie client, un langage pour la partie serveur, un langage pour la base de données) et parfois même plusieurs langages dans la même couche logiciel. Nous recommandons donc de tenir compte de cette hétérogénéité des langages dans le calcul de la taille et, en particulier, dans la table LEF de conversion des objets Web en lignes de code. Plus précisément, on devrait introduire dans cette table davantage de langages de programmation spécifiques au Web (ASP, C#, JAVA BEANS, PHP, etc.) et supprimer les langages obsolètes (COBOL, ASSEMBLEUR, LISP, etc.). Ceci va sûrement améliorer le processus d'estimation de la taille et donc aussi celui de l'estimation de l'effort de développement des projets Web.

2. Évolution vers un modèle plus étendu de type post-architecture.

Actuellement la base de données de WebMo est alimentée par 64 projets. À l'avenir elle devrait contenir plus de projets Web d'envergure (>300 WO) et couvrant plusieurs activités de développement et d'assurance qualité. Ceci contribuera à tenir compte aussi des projets Web qui seront réalisés avec plus d'exigence. Un modèle complémentaire pourrait être conçu pour ces projets Web d'envergure. On pourrait donc avoir un modèle WebMo-XP pour les petits projets nécessitant moins d'activités d'assurance qualité et ayant une courte durée de développement et un modèle WebMo-RUP pour des grands projets nécessitant plus d'activités de développement et d'assurance qualité.

Quel que soit la taille du projet Web, le modèle WebMo actuel est davantage un modèle prévisionnel centré sur la phase initiale de planification pour laquelle il offre un ordre de grandeur dans l'estimation de l'effort plutôt qu'un modèle post-architecture qui fait de la ré-estimation pour les étapes avancées du cycle de vie d'un projet en offrant de ce fait des résultats plus fiables au fur et à mesure que des informations supplémentaires s'accumulent dans les phases avancées du développement du projet. Une version post-architecture de WebMo donnera donc plus de maturité et de fiabilité à ce modèle. Ce modèle post-architecture pourrait être une adaptation pour le Web du modèle COCOMO II post-architecture qui existe déjà et qui a fait ses preuves en termes de fiabilité (80% de probabilité d'obtenir des estimations autour de +/- 20% des données réelles) pour les projets traditionnels [Bohem2000].

# APPENDICE A
## Modèles COCOMO II ET WEBMO

### A.1 Les facteurs d'échelle de COCOMO II

| Scale Factors | Very Low | Low | Nominal | High | Very High | Extra High |
|---|---|---|---|---|---|---|
| PREC | thoroughly unprecedented | largely unprecedented | somewhat unprecedented | generally familiar | largely familiar | thoroughly familiar |
| FLEX | rigorous | occasional relaxation | some relaxation | general conformity | some conformity | general goals |
| RESL | little (20%) | some (40%) | often (60%) | generally (75%) | mostly (90%) | full (100%) |
| TEAM | very difficult interactions | some difficult interactions | basically cooperative interactions | largely cooperative | highly cooperative | seamless interactions |
| PMAT | The estimated Equivalent Process Maturity Level (EPML) or | | | | | |
| | SW-CMM Level 1 Lower | SW-CMM Level 1 Upper | SW-CMM Level 2 | SW-CMM Level 3 | SW-CMM Level 4 | SW-CMM Level 5 |

### A.2 Les paramètres du modèle COCOMO II post architecturale

Baseline Effort Constants:   $A = 2.94$;   $B = 0.91$
Baseline Schedule Constants: $C = 3.67$;   $D = 0.28$

| Driver | Symbol | VL | L | N | H | VH | XH |
|---|---|---|---|---|---|---|---|
| PREC | $SF_1$ | 6.20 | 4.96 | 3.72 | 2.48 | 1.24 | 0.00 |
| FLEX | $SF_2$ | 5.07 | 4.05 | 3.04 | 2.03 | 1.01 | 0.00 |
| RESL | $SF_3$ | 7.07 | 5.65 | 4.24 | 2.83 | 1.41 | 0.00 |
| TEAM | $SF_4$ | 5.48 | 4.38 | 3.29 | 2.19 | 1.10 | 0.00 |
| PMAT | $SF_5$ | 7.80 | 6.24 | 4.68 | 3.12 | 1.56 | 0.00 |
| RELY | $EM_1$ | 0.82 | 0.92 | 1.00 | 1.10 | 1.26 | |
| DATA | $EM_2$ | | 0.90 | 1.00 | 1.14 | 1.28 | |
| CPLX | $EM_3$ | 0.73 | 0.87 | 1.00 | 1.17 | 1.34 | 1.74 |
| RUSE | $EM_4$ | | 0.95 | 1.00 | 1.07 | 1.15 | 1.24 |
| DOCU | $EM_5$ | 0.81 | 0.91 | 1.00 | 1.11 | 1.23 | |
| TIME | $EM_6$ | | | 1.00 | 1.11 | 1.29 | 1.63 |
| STOR | $EM_7$ | | | 1.00 | 1.05 | 1.17 | 1.46 |
| PVOL | $EM_8$ | | 0.87 | 1.00 | 1.15 | 1.30 | |
| ACAP | $EM_9$ | 1.42 | 1.19 | 1.00 | 0.85 | 0.71 | |
| PCAP | $EM_{10}$ | 1.34 | 1.15 | 1.00 | 0.88 | 0.76 | |
| PCON | $EM_{11}$ | 1.29 | 1.12 | 1.00 | 0.90 | 0.81 | |
| APEX | $EM_{12}$ | 1.22 | 1.10 | 1.00 | 0.88 | 0.81 | |
| PLEX | $EM_{13}$ | 1.19 | 1.09 | 1.00 | 0.91 | 0.85 | |
| LTEX | $EM_{14}$ | 1.20 | 1.09 | 1.00 | 0.91 | 0.84 | |
| TOOL | $EM_{15}$ | 1.17 | 1.09 | 1.00 | 0.90 | 0.78 | |
| SITE | $EM_{16}$ | 1.22 | 1.09 | 1.00 | 0.93 | 0.86 | 0.80 |
| SCED | $EM_{17}$ | 1.43 | 1.14 | 1.00 | 1.00 | 1.00 | |

## A.3 Les paramètres du modèle COCOMO II Avant projet

| Baseline Effort Constants: | | A = 2.94; | | B = 0.91 | | | | |
|---|---|---|---|---|---|---|---|---|
| Baseline Schedule Constants: | | C = 3.67; | | D = 0.28 | | | | |
| Driver | Symbol | XL | VL | L | N | H | VH | XH |
| PERS | EM₁ | 2.12 | 1.62 | 1.26 | 1.00 | 0.83 | 0.63 | 0.50 |
| RCPX | EM₂ | 0.49 | 0.60 | 0.83 | 1.00 | 1.33 | 1.91 | 2.72 |
| PDIF | EM₃ | | | 0.87 | 1.00 | 1.29 | 1.81 | 2.61 |
| PREX | EM₄ | 1.59 | 1.33 | 1.12 | 1.00 | 0.87 | 0.74 | 0.62 |
| FCIL | EM₅ | 1.43 | 1.30 | 1.10 | 1.0 | 0.87 | 0.73 | 0.62 |
| RUSE | EM₆ | | | 0.95 | 1.00 | 1.07 | 1.15 | 1.24 |
| SCED | EM₇ | | 1.43 | 1.14 | 1.00 | 1.00 | 1.00 | |

Note : Les exposants d'échelle sont les mêmes que pour le modèle post architecturale

## A.4 Relations entre les multiplicateurs d'effort dans les deux versions de COCOMO.

| Multiplicateurs dans version Avant projet | Multiplicateurs correspondants dans version post architecture |
|---|---|
| PERS | ACAP, PCAP, PCON |
| RCPX | RELY, DATA, CPLX, DOCU |
| RUSE | RUSE |
| PDIF | TIME, STOR, PVOL |
| PREX | APEX, PLEX, LTEX |
| FCIL | TOOL, SITE |
| SCED | SCED |

## A.5 Convention de calcul des objets Web de Reifer[Reifer2001]

| Step | Description | Example Counting Conventions |
|---|---|---|
| 1 | Count the number of unique operands for the new predictors (use counting conventions in the Manual to provide guidelines) | Multi-media files (audio, video, animation, graphics, etc.)<br>• Count each graphic files separately independent of its pixel density (JPEG, etc.)<br>Scripts (macro, distiller, etc.)<br>• Count each script or use case separately independent of the number of actors involved |

| | | |
|---|---|---|
| | | (i.e., we will use the number of actors to determine difficulty rating)<br>Web building blocks (DCOM, OLE, etc.)<br>• Count each unique building block in the library separately independent of the resources it consumes |
| 2 | Count the number of unique operators for the new predictors (use counting conventions in the Manual to provide guidelines) | Multi-media files (audio, video, animation, graphics, etc.)<br>• Count each unique operation on the files separately (open, close, save, cut, paste, start, clear, etc.)<br>Scripts (macro, distiller, etc.)<br>• Count each unique scripting operation separately (open, close, start, refresh, search, go (backwards), go (favorites), go (forward), go (hyperlink), etc.)<br>Web building blocks (DCOM, OLE, etc.)<br>• Count each unique operation on the building blocks separately (align, center, distribute, draw, edit, merge (cells), split (cells), find, add, delete, insert, etc.) |
| 3 | Sum the operands and operators and determine the weighting in Table 1 (use the counting conventions in the Manual to provide guidelines) | Multi-media files (audio, video, animation, graphics, etc.)<br>• JPEG – low<br>• A2b music, Microsoft picture it - average<br>• PCX Image, XIF: Image, AIFF Audio, Liquid Audio,<br>  Steaming Audio/Video – high<br>Scripts (macro, distiller, etc.)<br>• 1 to 3 actors – low<br>• 4 to 6 actors – average<br>• more than 6 actors – high |

| | | |
|---|---|---|
| | | Web building blocks (DCOM, OLE, etc.)<br>• 1 to 50 – low<br>• 51 to 250 – average<br>• more than 250 - high |
| 4 | Add the weighted number of links (xml, html and query language lines) to the counts | Use logical line counting conventions offered by the Software Engineering Institute to guide the effort<br>• html – low<br>• query lines – average<br>• xml – high |
| 5 | Compute the raw number of Web Objects (unadjusted for either language or other factors) | The new predictors increase the volume of work to handle multi-media files, scripts and web building block operands and operations as linked together and with the system via xml, html and query languages |
| 6 | Compute the number of Web Objects | Sum the predictors and add them to the number of unadjusted function points or alternative |
| 7 | Use the number of Web Objects in the WEBMO equations to compute effort and duration for the web project | Unlike the Early Design model of COCOMO, the WEBMO equation is calibrated using Web Objects, not lines of code |

**A.6** Table de conversion (LEF) des points de fonctions (UFP) en lignes de code (SLOC) selon les langages [Bohem2000]

| Langage | Défaut SLOC / UFP | Langage | Défaut SLOC / UFP |
|---|---|---|---|
| Access | 38 | Jovial | 107 |
| Ada 83 | 71 | Lisp | 64 |
| Ada 95 | 49 | Machine Code | 640 |
| AI Shell | 49 | Modula 2 | 80 |
| APL | 32 | Pascal | 91 |
| Assembly - Basic | 320 | PERL | 27 |
| Assembly - Macro | 213 | PowerBuilder | 16 |
| Basic - ANSI | 64 | Prolog | 64 |
| Basic - Compiled | 91 | Query – Default | 13 |
| Basic - Visual | 32 | Report Generator | 80 |
| C | 128 | Second Generation Language | 107 |
| C++ | 55 | Simulation – Default | 46 |
| Cobol (ANSI 85) | 91 | Spreadsheet | 6 |
| Database – Default | 40 | Third Generation Language | 80 |
| Fifth Generation Language | 4 | Unix Shell Scripts | 107 |
| First Generation Language | 320 | USR_1 | 1 |
| Forth | 64 | USR_2 | 1 |
| Fortran 77 | 107 | USR_3 | 1 |
| Fortran 95 | 71 | USR_4 | 1 |
| Fourth Generation Language | 20 | USR_5 | 1 |
| High Level Language | 64 | Visual Basic 5.0 | 29 |
| HTML 3.0 | 15 | Visual C++ | 34 |
| Java | 53 | | |

**A.7   Table de conversion (LEF) des objets Web en lignes de code (SLOC) selon les langages dans WebMo[Reifer2002]**

| Langage | LEF | Langage | LEF |
|---|---|---|---|
| 1GL par défaut | 320 | OO par défaut | 29 |
| C | 128 | EIFFEL | 20 |
| 2GL par défaut | 107 | PERL | 22 |
| COBOL (ANSI85) | 91 | Smalltalk | 20 |
| FORTRAN 107 | 107 | Web par défaut – Langages OO | 25 |
| PASCAL | 91 | 4GL par défaut | 20 |
| 3GL par défaut | 80 | Crystal Reports | 20 |
| C++ | 53 | Générateur de programme par défaut | 16 |
| Java for web | 32 | HTML | 15 |
| LISP | 64 | SQL for web | 10 |
| ORACLE | 38 | Feuilles de calcul par défaut | 6 |
| Visual Basic | 40 | Excel | 6 |
| Visual C++ | 34 | Screen Painter | 6 |
| Web par défaut – Langages visuelles | 35 | 5GL par défaut | 5 |
|  |  | XML | 6 |
|  |  | MATHCAD | 5 |

**A.8   Valeurs des paramètres de WebMo**

| Domaine d'application | A | B | P1 | P2 |
|---|---|---|---|---|
| Commerce électronique | 2.3 | 2.0 | 1.03 | 0.5ou 0.32 |
| Applications commerciales et financières | 2.7 | 2.2 | 1.05 | 0.5ou 0.32 |
| Applications Business-to-Business | 2.0 | 1.5 | 1.00 | 0.5ou 0.32 |
| Portails Web | 2.1 | 1.8 | 1.00 | 0.5ou 0.32 |
| Utilitaires d'informations Web | 2.1 | 2.0 | 1.00 | 0.5ou 0.32 |

# APPENDICE B

# MÉTHODE DES POINTS DE FONCTION

## B.1 Présentation de la méthode

**Historique**[wwwRad2006]

En 1979, Alan Albrecht propose pour la première fois une mesure de la production de logicielle basée sur les fonctions utilisateurs. Elle doit aider à prévoir la taille d'un projet, son effort de développement et la productivité du développement informatique. Cette métrique est donc indépendante de la technique de développement qui n'a pas les inconvénients du comptage du nombre de lignes de code.Cette méthode était à l'origine fondée sur quatre entités (entrée, sortie, interrogation, fichiers) sans catégorie de complexité avec un intervalle d'ajustement de +/- 25%.

Depuis 1984, les comptages se font à partir des entités entrées, sorties, interrogations, données externes et internes, avec pour chacune de ces entités un niveau de complexité simple, moyen ou élevé.En 1986, a été fondé l'**IFPUG** (International Function Points User Group) pour assurer la plus grande diffusion de cette méthode tout en garantissant son adéquation aux besoins des utilisateurs et sa normalisation.

Albrecht émet l'hypothèse qu'il existe une relation entre le nombre de points de fonction et la charge de développement. Le passage du nombre de points de fonction à la charge peut se faire par multiplication par un ratio dépendant du type de projet, par régression linéaire, régression exponentielle…

Voici un résumé des principaux concepts de la méthode de points de fonction inspiré des notes de cours de Mr Hadj Benyahia [Benyahia2004]

## Justifications

- Vision de l'usager (fonctions au lieu de LOC)
- Indépendance de l'environnement de développement (langages)
- Estimation tôt (dès la fin des spécifications des besoins).

## Composantes

La méthode de points de fonction comprend cinq composantes :

| | |
|---|---|
| 1. Entrées<br>2. Sorties<br>3. Interrogations | }Transactions |
| 4. Fichiers logiques (entités) internes<br>5. Fichiers logiques (entités) externes | } Données (ou entités) |

## Architecture du modèle des points de fonction [Benyahia2004]

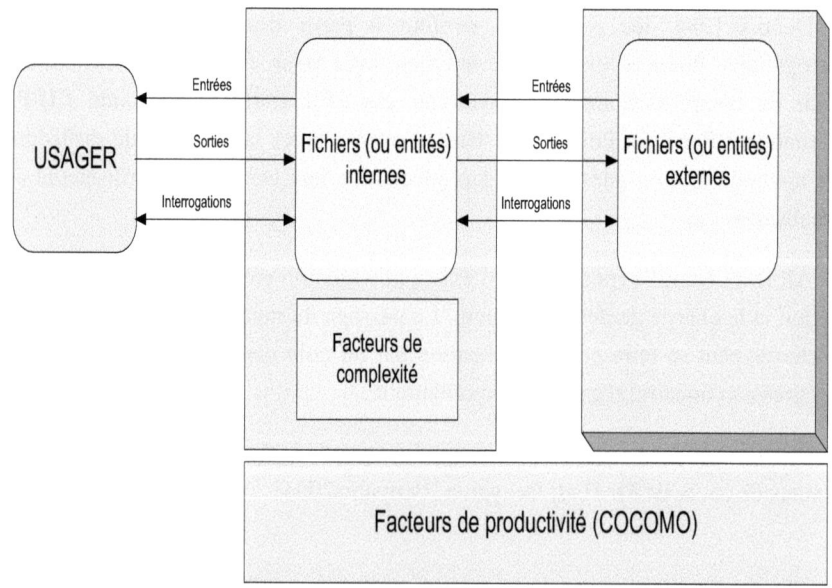

## B.2 Estimation de la taille et l'effort ajusté [Benyahia2004]

### Type du modèle

| Modèle multiplicatif = taille *complexité*productivité ||||
|---|---|---|---|
| **Taille de l'application (volume traitement)** | **Complexité application (valeur:0-1-2-3-4-5)** | | **Productivité application (COCOMO)** |
| Nb entrées<br>Nb sorties<br>Nb interrogations<br>Nb fichiers internes<br>Nb fichiers externes | 1. Télécommunication<br>2. Distribution de données<br>3. Performance<br>4. Configuration<br>5. Taux de transaction<br>6. Saisie direct<br>7. Convivialité<br>8. Mise à jour direct<br>9. Complexité Traitement<br>10. Réutilisation<br>11. Facilité installation<br>12. Sites multiples<br>13. Facilité modification<br>14. Facilité opération | X ... X | **1. Ordinateur**<br>-Temps d'exécution<br>-Mémoire<br>-Transparence<br>-Temps réception<br>**2. Personnel**<br>-Qualification équipe<br>-Expérience équipe<br>-expérience application<br>**3. Projet**<br>-Méthode de développement<br>-Outils case<br>-Temps développement |
| Points de fonction non ajustés | Points de fonction ajustés total 0 à70 (14*5) | | Effort ajusté |

### Étape 1 : Estimation de la taille brute de l'application (PF non ajustés)

Cette estimation est basée sur la complexité du traitement selon le point devue du développeur (**Complexité technique**).

### 1.1 Table de complexité des entrées

|  | Éléments de données | | |
|---|---|---|---|
| Fichiers | 1-4 | 5-15 | 16+ |
| 0-1 | B | B | M |
| 2 | B | M | H |
| 3+ | M | H | H |

Complexité basse (B)= 3 points  
Complexité moyenne (M)= 4 points  
Complexité haute (H)=6 points

**1.2 Table de complexité des sorties**

|  | Éléments de données | | |
|---|---|---|---|
| Fichiers | 1-5 | 6-19 | 20+ |
| 0-1 | B | B | M |
| 2-3 | B | M | H |
| 4+ | M | H | H |

Complexité basse (B)= 4 points  
Complexité moyenne (M)= 5 points  
Complexité haute (H)=7 points

**1.3 Table de complexité des interrogations**

|  | Éléments de données | | |
|---|---|---|---|
| Fichiers | 1-5 | 6-19 | 20+ |
| 0-1 | B | B | M |
| 2-3 | B | M | H |
| 4+ | M | H | H |

Complexité basse (B)= 3 points  
Complexité moyenne (M)= 4 points  
Complexité haute (H)=6 points

**1.4 Table de complexité des fichiers internes**

|  | Éléments de données | | |
|---|---|---|---|
| Fichiers | 1-19 | 20-50 | 51+ |
| 0-1 | B | B | M |
| 2-5 | B | M | H |
| 6+ | M | H | H |

Complexité basse (B)= 6 points
Complexité moyenne (M)= 10 points
Complexité haute (H)=15 points

### 1.5 Table de complexité des fichiers externes

| Fichiers | Éléments de données | | |
|---|---|---|---|
| | 1-19 | 20-50 | 51+ |
| 0-1 | B | B | M |
| 2-5 | B | M | H |
| 6+ | M | H | H |

Complexité basse (B)= 5 points
Complexité moyenne (M)= 7 points
Complexité haute (H)=10 points

**Processus d'estimation de la taille brute de l'application : PF non ajustés**

| Fonctions | Niveau de complexité du traitement des fonctions | | | Points de fonction (4)=(1)+(2)+(3) |
|---|---|---|---|---|
| | Bas(1) | Moyen(2) | Élevé (3) | |
| Entrées | X1*3 = | Y1*4 = | Z1*6= | |
| Sorties | X2*4 = | Y2*5= | Z2*7 = | |
| Interrogations | X3*3 = | Y3*4 = | Z3*6 = | |
| Entités internes | X4*6 = | Y4*10= | Z4*15= | |
| Entités externes | X5*5= | Y5*7 = | Z5*10= | |
| | Total des points de fonction non ajustés | | | (5)= Σ (4) |

**Notes :** x1 à x5 : y1 à y5, z1 à z5 représentent le nombre de fonctions selon le niveau de complexité. Cette estimation des PF non ajustés équivaut aussi à l'estimation de l'effort non ajusté c'est-à-dire une estimation de l'effort de développement basé sur une seule variable qui est la taille brute, un peu comme dans le modèle COCOMO de base ou la seule variable explicative de l'effort était la taille.

**Étape2 : Estimation de la taille ajustée de l'application (PF ajustés)**
Cette Estimation est basée sur la complexité du traitement selon les spécifications de l'usager (complexité fonctionnelle).

| Facteurs de complexité | Degré d'influence (DI) (valeur 0-1-2-3-4-5) | |
|---|---|---|
| 1. Télécommunication | | |
| 2. Distribution données | | Interprétation des DI |
| 3. Performance | | |
| 4. Configuration chargée | | 0 : Pas d'influence |
| 5. Taux de transaction | | 1 : Influence minimal |
| 6. Saisie en direct | | 2 : Influence modérée |
| 7. Convivialité | | 3 : Influence moyenne |
| 8. Mise à jour | | 4 : Influence forte |
| 9. Complexité des traitements | | 5 : Influence très forte |
| 10. Réutilisation | | |
| 11. Facilité d'installation | | |
| 12. Sites multiples | | |
| 13. Facilité de modification | | |
| 14. Facilité d'opération | | |
| TOTAL DI | Max(14*5=70) | |

Points fonction ajustés = Points fonctions non ajustés *[0,65+ (ΣDI/100)]

**Interprétation** du cœfficient de 0,65(65%) de l'algorithme d'estimation :
Influence minimale (14*0=0) < complexité< influence maximale (14*5=70)
Si changement de base de 70 à 100 alors :
Influence minimale (100-35 =65%) < Complexité < influence maximale (100+35=135%)

**Conclusions :**

> Complexité maximale = 1,35*PF non ajustés PF ajustés > PF non ajustés
> Complexité maximale = 0,65*PF non ajustés PF ajustés < PF non ajustés
> Complexité maximale = 1,00*PF non ajustés PF ajustés= PF non ajustés

**Étape 3 : Estimation de laProductivité de l'application**

- Utiliser la table des multiplicateurs de COCOMO pour les facteurs deproductivité dont on a des données et faire leur produit $\Pi m(x)$.

- Exemples de facteurs de productivité :

    - Expérience de chargé de projet
    - Expérience de l'analyste principal
    - Expérience de l'équipe
    - Nouvelle méthodologie de développement
    - Nouveaux langages
    - Outils case
    - Durée du projet (fixe, compression, expansion)
    - Plateforme matériel

**Étape 4 : Algorithme d'estimation de l'effort ajusté**

> Effort ajusté = Points fonction non ajustés *[0,65+ ($\Sigma DI/100$)]*$\Pi m(x)$

# APPENDICE C

# AUTRES MODÈLES D'ESTIMATION WEB

## C.1 Le modèle WEB-COBRA

Web-COBRA est une extension du modèle d'estimation COBRA (**Cost Estimation Benchmarking and RiskAnalysis**). COBRA fournit le moyen de développer un modèle d'estimation transparent basé sur des données internes de l'entreprise. C'est une méthode d'estimation composite qui utilise les jugements d'experts et un ensemble limité de données sur des projets passés. Dans [Ruhe2003a], l'entreprise possède seulement 12 projets passés.

Cette méthode d'estimation est destinée aux petites entreprises, qui n'ont pas beaucoup de projets passés. Elles utiliseront cette méthode pour fin d'estimation mais en plus elles se baseront dessus pour réduire les risques associés à leurs projets.

Le but du travail fourni dans [Ruhe2003a] est d'arriver à confirmer les bons résultats de la méthode COBRA toujours dans le contexte des petites compagnies mais cette fois pour un nouveau domaine qui est celui des applications Web. La méthode COBRA est un cadre de travail régissant les activités de développement d'un modèle d'estimation adapté ('tailored') à COBRA. Chaque modèle COBRA est composé de deux composantes essentielles.

La première composante est un modèle causal qui produit un estimé surévalué du coût. Le modèle causal consiste en un ensemble de facteurs affectant le coût du projet dans un environnement local. Ce sont les caractéristiques du projet qui sont supposées avoir une grande influence sur l'effort. Le modèle causal est obtenu à partir de connaissances d'experts [Ruhe2003a].

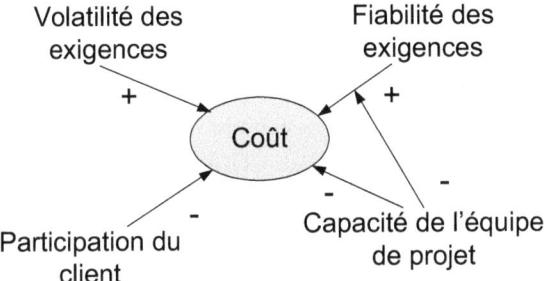

**Exemple d'un modèle Causal [Ruhe2003a]**

La deuxième composante de COBRA utilise des données sur des projets passés considérés similaires selon certaines caractéristiques spécifiques du projet à estimer. Les données serviront à établir une relation entre les coûts surévalués et les coûts à estimer. Il est important de noter que cette relation est une relation simple, qui ne requiert pas beaucoup de données, ce qui explique pourquoi COBRA ne nécessite pas beaucoup de données par opposition aux méthodes basés sur les données.

Selon [Ruhe2003a], l'avantage de COBRA sur plusieurs autres méthodes d'estimation de coût est son applicabilité dans des environnements avec peu de données antérieures disponibles. De plus, COBRA n'est pas astreint à une métrique en particulier. Dans la pratique, la méthode est très bien acceptée parce qu'elle est orientée vers l'expérience des experts, ce qui est toujours accessible, réutilisable et transparent aux autres intervenants. La méthode fournit un mécanisme pour le développement de modèles adaptés, augmentant ainsi le degré de précision dans l'estimation des coûts. Une description plus détaillée de COBRA se trouve dans [Briand1998].

La métrique de choix pour le calcul de la taille n'est rien d'autre que la nouvelle métrique de Reifer : les Objets Web. En effet, ces chercheurs ont vu que les Objets Web de Reifer sont plus appropriés et ont fourni de meilleurs résultats que les points de fonction ou les SLOC [Ruhe2003b].

**Adaptation de COBRA**

En interviewant cinq experts de la compagnie cible, les chercheurs de [Ruhe2003] et [Ruhe2003b] ont pu extraire les multiplicateurs d'effort nécessaires pour la première composante de Web-COBRA. Pour aboutir à leurs fins, ils ont dû leur fournir comme base de discussion les définitions de haut niveau liées aux catégories de multiplicateurs d'effort suivantes : le produit logiciel, le personnel, le projet logiciel et le processus. Durant l'entrevue, l'expert présentait sa compréhension du sujet et donnait son avis quant à l'influence de ces facteurs dans le contexte Web et leurs interactions. Ceci fournissait le modèle causal qualitatif.

Dans une seconde étape, il s'agissait de quantifier les relations présentées dans le modèle causal. Pour ce faire, chacun des experts a pu donner des multiplicateurs pour chaque facteur de coût donnant ainsi un aspect mathématique au modèle Web COBRA.

**Résultats de la recherche**

Après l'élaboration du modèle d'estimation Web-COBRA, les chercheurs de [Ruhe2003a] ont dressé le tableau des multiplicateurs d'effort suivants. Ce tableau montre aussi les écarts constatés lors de l'analyse des données des experts.

**Valeurs et écarts des multiplicateurs d'effort**

| Multiplicateurs d'effort | Minimum | La plus probable | Maximum |
|---|---|---|---|
| Nouveauté des exigences | 0.00 | 0.04 | 0.11 |
| Importance de la maintenance | 0.00 | 0.00 | 0.00 |
| Nouveauté de la technologie | 0.05 | 0.12 | 0.31 |
| Capacités techniques du développeur | 0.00 | 0.00 | 0.11 |
| Compétences de communication au sein de l'équipe | 0.03 | 0.04 | 0.18 |
| Qualité de la gestion de projet | 0.00 | 0.05 | 0.22 |
| Volatilité des exigences | 0.04 | 0.22 | 0.00 |
| Qualité des méthodes de spécifications | 0.05 | 0.11 | 0.22 |
| Les données et la motivation du client | 0.08 | 0.04 | 0.11 |

En réalité les résultats de cette étude [Ruhe2003a] ne peuvent être généralisés. Par contre, ils doivent êtres mis dans leur contexte. Les résultats dépendent largement de l'expérience des experts et de leur nombre. Le jugement des experts est d'une grande importance tant au niveau de l'estimation elle-même qu'au niveau de l'élaboration du modèle en question. Ce qu'il faut noter à ce stade-ci, c'est que ce cadre de travail fournit à des petites entreprises la possibilité d'avoir une base initiale d'estimation de leurs projets. Une fois ce travail accompli, ces entreprises auront fait un grand pas vers l'ingénierie des estimations Web.

## C.2  Le modèle CWADEE

Cette méthode est une autre tentative pour estimer les projets Web. La méthode s'appelle CWADEE (**Chilean Web Application Development Effort estimation**). Les chercheurs qui ont élaboré cette méthode [Ochoa2003] avaient comme but principal d'aider les petites et moyennes entreprises à fournir des estimés dans les plus brefs délais (de 24h à 72h) et ce, malgré la carence des données. Ce besoin d'avoir des estimés rapides fait partie des caractéristiques uniques de l'industrie du Web [Reifer2000]. Nous avons déjà décrit dans un chapitre précédent que les applications Web ont un cycle de vie très court et doivent être mises sur le marché rapidement à cause de la forte compétitivité.

De plus, cette méthode s'intègre dans des contextes de développement immature c'est-à-dire sans processus d'amélioration des pratiques logiciel. Cette méthode a été appliquée dans le contexte chilien et les applications typiques couvertes par cette méthode sont des applications de petite et moyenne tailles, produits ciblés par les compagnies de niveau 1 (niveau immature) du CapabilityMaturity Model Integrated (CMMI) du Software Engineering Institue (SEI).

Avec la croissance rapide du marché du Web et des technologies de l'information, les données récoltées lors de projets antérieurs deviennent le plus souvent obsolètes même dans une courte période. Cette méthode tient compte de cette réalité et propose de pallier à ces problèmes en offrant une approche plus pratique car destinée à des petits projets qui ne nécessitent pas d'estimations rigoureuses.

La CWADEE propose d'aider les chefs de projets à réduire leurs marges d'erreur dans leurs estimations. Selon des études passées, ces marges oscillent entre 50% et 200% [Ochoa2003].

Tout comme Reifer, les concepteurs de CWADEE [Ochoa2003] pensent aussi que des métriques comme les lignes de code et les points de fonction ne sont pas adaptés dans le contexte du Web. En effet, les applications Web sont plus que des lignes de code ou des fonctionnalités. Les fichiers multimédias et les liens XML sont difficilement mesurables avec ces métriques. Les auteurs de CWADEE reconnaissent que les Objets Web de Reifer sont un bon substitut à toutes ces métriques et donnent un bien meilleur résultat pour l'estimation de la taille. Ils pensent que la combinaison de WebMo et des Objets Web est l'offre la plus appropriée pour les projets Web. Cependant, ils considèrent que dans le contexte immature des petites entreprises (niveau 1 d CMMI), l'approche de Reifer est exigeante car elle nécessite beaucoup de données sur des projets passés et que le plus souvent ces entreprises n'ont pas ces informations. De plus, ils considèrent que le processus d'identification et de catégorisation des objets Web est un processus long et difficile.

Dans le but d'aider les gestionnaires à mieux estimer leurs projets Web, les auteurs de CWADEE ont introduit une nouvelle métrique. Cette dernière s'appelle Data Web Points (DWP) et comme son nom l'indique, cette métrique se base essentiellement sur le modèle de données (comme dans Merise).

Les DWP sont semblables aux points de fonction (FP), Points d'objet [Boehm2000], Objets Web [Reifer2001] en ce qui concerne la représentation de concepts abstraits utilisés pour estimer la taille des projets. Par contre, les Data Web points représentent les fonctionnalités du système du point de vue de son modèle de données. Par conséquent, deux estimateurs analysant le même modèle de données devraient aboutir à la même taille, mais l'estimation de l'effort pourrait être différente à cause de certaines caractéristiques de l'environnement de développement telles que : l'expertise de l'équipe de développement, la disponibilité d'outils de support, etc.

Cette métrique a l'avantage d'être rapide et facile à mettre en place. Ce qui fait d'elle la métrique la plus appropriée dans le contexte de développement décrit ci-haut (avoir un estimé dans les 24hrs à 72hrs). Les types d'entités et de relations associées aux DWP sont les suivants : régulier, dépendant, relation 1-N, relation 1-1.

1. Les entités régulières sont celles ne contenant pas de clé étrangère et dont leurs clés primaires les identifient.

2. Les entités dépendantes sont celles liées à des entités régulières via des clés étrangères.

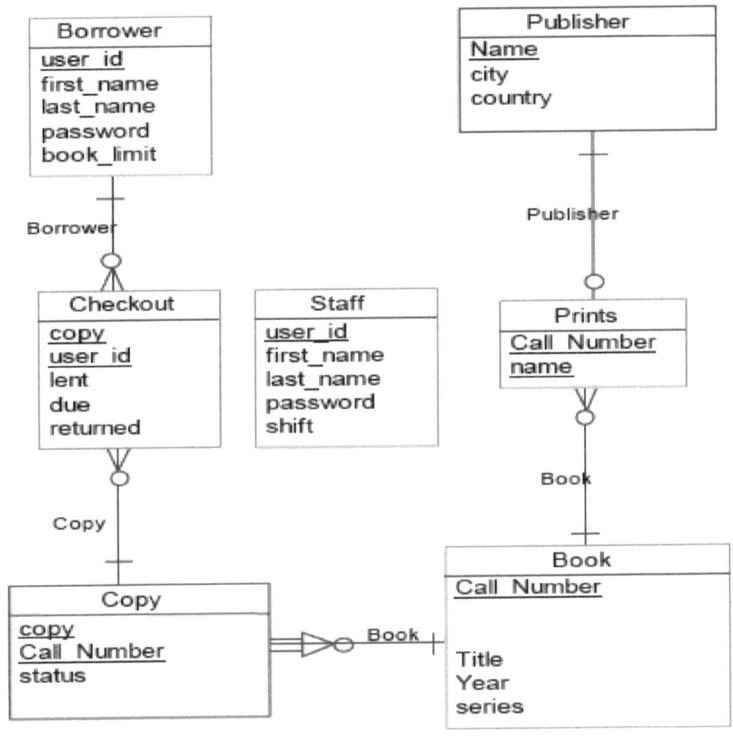

**Exemple de modèle de données**

Pour plus de détails sur les types de DWP on peut se référer à [Ochoa2003]. Dans le tableau suivant on présente un exemple de calcul du nombre de DWP.

**Calcul de la taille du modèle de la figure précédente en DWP**

| Type of DWP | Nombre de DWP | Poids du Facteur | Total pondéré DWP |
|---|---|---|---|
| **Entités régulières** | 4 | x 9 | =36 |
| **Entités dépendantes** | 1 | x 9 | =9 |
| **Entités Relations (N-N)** | 2 | x 3 | =6 |
| **Relations 1-N** | 3 | x 6 | =18 |
| **Relation 1-1** | 1 | x 3 | =3 |
| **Total DWP** | ------------------------> | | =72 |

A l'aide d'un processus systématique, on peut analyser les modèles de données dans le but d'identifier les DWP. On peut même automatiser ce processus et laisser aux estimateurs la liberté de modifier les poids selon ce qu'ils considèrent comme plus approprié. Finalement, le total des DWP sera utilisé comme entrée dans l'équation de l'effort qui suit :

Estimation de l'effort

$$E = UC \cdot \prod_i cd_i \cdot \left( DWP \cdot (1+X^*) \right)^P$$

Où

E : Effort de développement mesuré en homme-heures.

UC : Coût utilisateur (User Cost).

Cdi : multiplicateurs d'effort.

DWP : taille de l'application Web en termes de Data Web Points.

X* le coefficient de représentativité de DWP.

P : une constante

Les coefficients et les multiplicateurs suivent le même principe que tout autre modèle d'estimation tel que COCOMO II et WebMo, etc. De plus, 8 des 9 multiplicateurs d'effort (cdi) sont ceux du modèle WebMo. La seule différence est que ces valeurs ont été élaborées à partir d'une étude portant sur 22 projets chiliens répondant au contexte particulier de ce pays.

**Multiplicateurs d'effort dans CWADEE**

| Multiplicateurs | Niveaux d'exigence | | | | |
|---|---|---|---|---|---|
| | Très Bas | Bas | Normal | Haut | Très haut |
| **Complexité du Produit** | 0.65 | 0.85 | 1.00 | 1.35 | 1.60 |
| **Difficulté de la plateforme** | 0.90 | 1.00 | 1.10 | 1.30 | 1.65 |
| **Capacité du personnel** | 1.60 | 1.30 | 1.05 | 0.90 | 0.80 |
| **Expérience du personnel** | 1.30 | 1.15 | 1.05 | 0.90 | 0.80 |
| **Outils** | 1.35 | 1.15 | 1.00 | 0.90 | 0.85 |
| **Délai** | 1.40 | 1.20 | 1.00 | 0.95 | 0.90 |
| **Type du client** | 1.55 | 1.35 | 1.10 | 0.90 | 0.75 |
| **Travail d'équipe** | 1.50 | 1.30 | 1.05 | 0.90 | 0.80 |
| **Efficacité du processus** | 1.30 | 1.10 | 1.00 | 0.85 | 0.65 |

Finalement, il apparait que l'aspect original de cette méthode n'est pas son modèle d'estimation car il s'inspire beaucoup de WebMo mais plutôt sa métrique DWP. En effet, le calcul de la taille peut être automatisé si le modèle de données est bien conçu. Dans une étude complémentaire qui vise à valider les résultats de cette recherche, les auteurs [ochoa2003] ont demandé à des étudiants d'une université chilienne d'estimer 22 projets en utilisant la métrique DWP et le modèle CWADEE et en tenant compte des avis des experts. Les résultats étaient satisfaisants selon le tableau suivant.

**Résultats de l'utilisation de CWADEE**

| Nombre de projets | Qualité des données | Qualité finale des projets |
|---|---|---|
| 15 | Bonne | En production -9 projets. Ajustements mineurs-6 projets. |
| 5 | Moyenne | Ajustements mineurs-2 projets. Incomplet- 3 Projets |
| 2 | Mauvaise | Incomplet- 3 Projets |

# BIBLIOGRAPHIE

[Kulik2000] Kulik,P., and R. Samuelsen, 'e-project Management for a new e-Reality', Project Management Institute, December 2000, www.seeprojects.com/e-Projects/e-projects.html.

[Lorenz1994] Lorenz Mark et Jeff Kidd: Object Oriented Software metrics. Prentice Hall (1994)

[Lowe1999] Lowe, D., and Hall, W. (1999) Hypermedia and the Web: An Engineering Approach. New York, John Willey & Sons Ltd.

[McConnel1996] McConnell Steve, Rapid Development- Taming Wild Software Schedules, Microsoft Press, 1996

[Norden1970] Norden, P. V., "Useful Tools for Project Management," in Management of Production, M. K. Starr, Editor, Penguin, Baltimore, 1970.

[Ochoa2003] Sergio F.Ochoa, M.CeciliaBastarrica, German Parra: Estimating the development Effort of Web Projects in Chile, Proceedings of the First Latin American Web Congress (LA-WEB 2003), IEEE (2003).

[Peters2000] Kathleen Peters, Forum logiciel.Net été 2000, édition M@rtinig&Associés, www.martinig.ch, traduit par Alain Coulon, La lettre d'ADELI n41,Octobre 2000.

[Powel1998] Powel, T.A.Web Site Engineering , Prentice Hall,1998.

[Pressman1998] Roger Pressman, ' Can Internet-based Applications Be Engineered ?'IEEE Software-15-5,(p104-p110),Septembre1998.

[Pressman2005] Roger Pressman, Software Engineering-A practioner's Approach, sixth edition,McGraw Hill, 2005,ISBN:007301933-8

[Printz2001] Jacques Printz, Christiane Deh, Bernard Mesdon, Nicolas Trèves: Coûts et durée des projets informatiques : Pratique des modèles d'estimation, Hermes Sciences Publications (2001), ISBN: 2746202727.

[Ruhe2003a] Melanie Ruhe, Ross Jeffery, Isabella Wieczorek: Cost Estimation for Web Application, IEEE (2003).

[Ruhe2003b] Melanie Ruhe, Ross Jeffery, Isabella Wieczorek: Using Web Objects for estimating software devlopment, IEEE (2003).

[Reifer2000] Donald J.Reifer, Web developement :Estimating Quick-to-Market Software',IEEE Computer Society, Vol 17,No 6, Page57-64, November December 2000

[Reifer2001] Donald J.Reifer: Web Objects counting Conventions. White Paper (2001), www.reifer.com

[Reifer2002] Donald J.Reifer,Software management sixth edition,IEEE Computer Society (2002) , ISBN:0769511007

[STANDISH2003] Latest Standish Group CHAOS Report Shows Project Success Rates Have Improved by 50%, http://www.standishgroup.com/press/article.php?id=2 , March 25, 2003.

[Strike2000] Strike K., El-Emam K. &Madhavji N., Software Cost Estimation with Incomplete Data, National Research Council of Canada - Institute for Information Technology, Technical Report NRC-43618, January 2000

[Walkerden1999] F. Walkerden, R. Jeffery. An Empirical Study of Analogy based Software Effort Estimation. Empirical Software Engineering, 42, June 1999, pp. 135-158

[wwwLoisil2005] Supports en ligne sur http://universite.online.fr Jean-Marc Loisil [universite@online]

[wwwRad2006] Présentation de la méthode des points de fonction http://www.rad.fr/pfp.htm.

[Benyahia2004] Notes de cours de Hadj Benyahia, session hiver2004, cours INF7760 Qualité et productivité des outils logiciels.

[Boehm1981] Barry W. Boehm, Software Engineering Economics, Prentice Hall, 1981.

[Boehm2000] Barry W. Boehm, Chris Abts, A. Winsor Brown: Software Cost Estimation with Cocomo II, Prentice Hall PTR (April 2000), ISBN: 0130266922.

[Bordage2003] Stéphane Bordage: Conduite de projet Web, Editions Eyrolles (2003), ISBN : 2212113285.

[Briand1998] L.C. Briand, K. ElEmam, F. Bomarius, COBRA: A Hybrid Method for Software Cost Estimation, Benchmarking, and Risk Assessment. Proceedings of 20th International Conference on Software Engineering, April 1998, pp. 390-399.

[Conallen2000] J. Conallen. Building Web Applications with UML. Addison-Wesley, 2000.

[Dart1999] Dart S. 'Containing the Web Crisis using Configuration Management', Proc.FirstICSE,Workshop on Web Engineering, ACM, Los Angeles, May1999.

[Friedlein2000] Ashley Friedlein: Web Project Management: Delivering Successful Commercial Web Sites, Morgan Kaufmann Publishers (2000), ISBN: 1558606785.

[Hansen1999] Hansen,S, Y.Deshpande et S.Murugesan, 'A skills Hierarchy for Web Information system Development',Proc.First ICSE workshop on Web Engineering, ACM,Los Angeles, May1999.

[Holk2001] JesperHolk&TorkilClemmensen, 'What makes web-development different?'Copenhagen Business School, Dept. of Informatics, 2001

[ISBSG2004] International Software Benchmarking Standards Group suite release 9, ISBSG (2004).

[IEEE2002] IEEE Standard Glossary of Software Engineering Terminology, IEEE Std 610.12-1990 (R2002).

Oui, je veux morebooks!

# i want morebooks!

Buy your books fast and straightforward online - at one of world's fastest growing online book stores! Environmentally sound due to Print-on-Demand technologies.

Buy your books online at
## www.get-morebooks.com

Achetez vos livres en ligne, vite et bien, sur l'une des librairies en ligne les plus performantes au monde!
En protégeant nos ressources et notre environnement grâce à l'impression à la demande.

La librairie en ligne pour acheter plus vite
## www.morebooks.fr

VDM Verlagsservicegesellschaft mbH
Heinrich-Böcking-Str. 6-8           Telefon: +49 681 3720 174           info@vdm-vsg.de
D - 66121 Saarbrücken              Telefax: +49 681 3720 1749          www.vdm-vsg.de

Printed by Books on Demand GmbH, Norderstedt / Germany